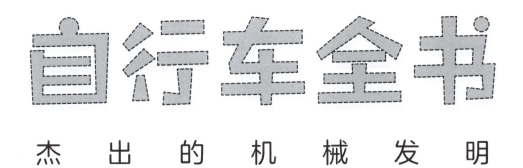

自行车全书

杰出的机械发明

〔比〕保罗·德·莫尔 著

〔荷〕温迪·潘德斯 绘

吴粤梅 译

科学普及出版社

·北京·

保罗·德·莫尔在年少时就梦想自己将来能成为一名自行车职业选手。但是，他的父亲坚决不同意，甚至在保罗的自行车辐条之间插了一根棍子，以此打消了保罗想要当自行车职业选手的念头。许多年过去了，有一天，保罗的父亲看到保罗骑自行车的闪电般的速度，不禁喃喃自语道："如果当初我知道他在骑行方面如此优秀……他应该已经出现在自行车竞赛场上了。"尽管保罗与成为一名自行车职业选手失之交臂，但是他成了一名优秀的职业作家。对骑自行车的狂热一直流淌在他的血液里，从来没有离开过他！

温迪·潘德斯骑着一款旧自行车蜿蜒曲折地在城里穿行而过。有时候，缓慢向前移动的自行车后座上还搭载着一对双胞胎。她已记不太清楚她画过多少辆自行车了，有些自行车丢失了，有些则被偷走了，还有些已经破旧得几乎要散架了。嘿，要不是有绘画和自行车的一路相伴，温迪可能无法完成这一趟骑行之旅呢！

　　"这是怎样一份美妙的礼物啊！轻松、诙谐的文笔，搭配着妙趣横生、自然流畅的插图，引领人们穿越通往自由的骑行之旅。人们读完这本书，一定会跟我一样惊奇地发现：我们已有的认知居然还不及书中提到的四分之一多。毫无疑问，这本书适合青少年阅读，也同样适合大众阅读，尤其是那些时刻怀有一颗年轻的心、喜爱自行车的人们。"

　　——米歇尔·伍兹（Michel Wuyts），比利时公共广播电视传播媒体集团的作家、记者和自行车赛事评论员

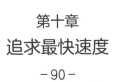

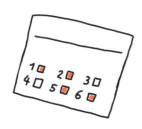

引言

杰出的发明

世界上有许多项发明都可以称得上是"杰出的发明"。轮子，就是有史以来一项伟大的发明创造。眼镜，也是一项杰出的发明。还有铅笔、圆锥形的甜筒雪糕、智能电话、电影、椅子、泰迪熊、尿不湿、学校、电脑游戏、灯、互联网、书等都是我们生活中的伟大发明。如果要列一份发明清单，那会很长，甚至没有结尾，并且榜单上的名目也会引发永无休止的各种讨论。其实，大可不必如此复杂。自行车就是其中一种伟大的发明创造。

大约在 1817 年，当自行车的雏形第一次出现在世人面前时，所有人都目瞪口呆。在此之前，人类从来没有试过将两个轮子一前一后地排在一条直线上制作成一个装置，并且使用这样的装置来进行物理空间的移动。同时，也从未有人通过自身的肌肉力量来进行快速的移动，更没有人通过这种方式来对抗万有引力定律和平衡定律。自行车让生活变得很有趣，它给人们的生活带来了旋律和节奏感，让人们持续向着前方进发。你一旦掌握了骑自行车的技巧，就永远都不会忘记。自行车不需要加油，也不会排放污染物，它甚至不会占用我们太多的空间。只要轮子是圆的，自行车就可以永远发挥骑行作用。它能够让骑车的人感觉不到自己的体重。它默默无语地载着骑着它的人去街口转角处的书店，带他去世界任何一个角落。在那里，骑车的人可以在一棵大树下躺着休息；在那里，骑车的人可以把脚伸进缓缓流淌的溪流中放松冥想；在那里，骑车的人可以在万里无云的天空下，躺着阅读一本有关自行车的书。

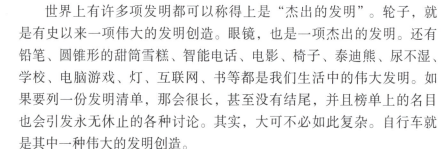

让我们把这本书排在史上杰出的发明的第二名吧！若要问自行车和这本书，二者有什么共同之处？那就是它们让所有使用过它们的人都变成世界旅行者，它们带给我们满满的快乐和幸福感。

马车出现以前的社会状况

　　在 19 世纪的英国，制造和加工的工厂如雨后春笋般蓬勃发展。日夜不停、全力运转的机器迫切需要更多鲜活的劳动力。城市像卷心菜一样飞速地膨胀、不断向外扩张，而郊区的发展则犹如含苞待放的花朵。伴随着人口数量、房屋和街道数量的持续增长，从家到工作地的距离也迅速拉大。工人们去上班，需要在路上耗费数小时。糟糕的是，在寒冬和酷暑的天气里，他们未必有合适的衣服和鞋子来应对长距离的行走。这种远距离的步行上班简直就是在浪费宝贵的时间。而且，工人们抵达工厂时，都累得腿脚发软了，到了真正干活的时候，往往是心有余而力不足。工厂的老板们对此已是满腹牢骚，但是要怎样才能改变现状呢？

　　在走廊里放一匹马？除了制造出如小山丘般高的粪便，还阻断了工人们的出入通道。还有，喂养马的饲料又从哪里来？在室内放一个储物箱或一辆手推车？这是多么荒唐可笑的想法啊。那么，把火车和有轨电车遍布到城市的各个角落？显然也很不切实际，因为那么庞大的修建工程肯定需要天价的投入资金。

　　在五金锻造厂、马鞍配件厂、军用物资厂及尘土飞扬的阁楼、隐秘的作坊和仓库，各行各业的人们都在苦思冥想如何解决这个问题。如何在保持低廉劳力成本的同时，又能够让工人们搭乘一种既不占空间、又能令他们上下班的时间和速度变得相对合理的交通工具呢？一个名叫卡尔·德莱斯（Karl Drais）的男爵想出了一个办法：给马的身后套上可以载物的轮车。这匹身后套着轮车的马，可以轻松地搭载人或者货物，它并不需要太多的投入成本，却能够方便自如地随时随地停放，跑起来的速度比两条腿快多了。于是，马车率先出现在世人面前。有关自行车的设想在这个时期萌生了！

无稽之谈

坊间一直广为流传着各种关于第一辆两轮车诞生的奇幻故事。一位意大利的教授在 1974 年发现，列奥纳多·达·芬奇（Leonardo da Vinci，1452—1519 年）曾经在素描本上画过一辆带有两个轮子的交通工具，它上面有辐条、脚踏板、链条和一个方向盘。依据这位教授的解释，这是一张关于自行车的最早的设计草图，而它之所以在过去的几百年间没有被发现，竟是因为这张图纸一直匿藏在两条床单之间。当专业的检验人员把这张图稿放在显微镜下仔细研究之后，得出了让人意想不到的结论：事实是，在 1960 年前后，这份有关自行车的图稿是一名意大利僧人在尝试修复这本素描本时，额外添加上去的。那名僧人简直就是一个喜剧家啊。

在英国斯多克伯吉斯小镇的一座古老大教堂的玻璃窗上，刻画着一幅天使骑着自行车的图案。这个证据确凿地表明：上天差遣一名天使，把自行车送到了人世间。小镇上的居民们对这幅彩绘玻璃图案所蕴含的信息深信无疑。他们坚信，自行车是上天赐予的礼物！

"简直就是胡编乱造。"科学家们嘲笑着这个广为流传的民间传说。"彩色琉璃玻璃的确有古老的历史。透过太阳光的照射，恍如自行车从天际降临下来，这看上去的确给人一种很真实的感觉。但事实上，古老的彩色琉璃玻璃在第二次世界大战中遭到了重大破坏。数百人将玻璃碎片收集起来，经过专业玻璃工人们的修复，创造出了新的中世纪图案，才出现了一个骑着自行车的天使从天而降的迷幻影像。"

此外，有一个名叫路易斯·鲍德里·德·索尼尔（Louis Baudry de Saunier）的法国记者，把创造出第一辆两轮交通工具的伟大功绩，统统归在了一个名叫尚亨利·司维雅克（Jean-Henri Siévrac）的法国伯爵身上。依据这位记者的描述：在 1771 年，那位伯爵大人曾尝试在巴黎公园里驾驶一辆外形酷似龙而肚子下面有两个轮子的"运动机器"

来兜风。事实证明，那次尝试是一次彻头彻尾的失败。尽管如此，司维雅克伯爵后来不仅成功发明了由马匹牵引的带包厢的四轮交通工具，并且还申请了发明专利。

学会骑自行车

"你会骑自行车吗？简单易学，轻松驾驭。上跨下落，易如反掌。"当两个轮子的交通工具真正变成两轮自行车时，许多成年人都对它趋之若狂，纷纷跑去专门的自行车学校里学习有关的骑行技巧，就像现在的小孩子学骑自行车一样。

首先，学员要了解并熟悉自行车，先坐在车上感受一下，然后，前后左右地摇摆一下，接下来，扶稳车手把，前后来回移动车子。在这个最初了解自行车的阶段，需要运用五官的感知和肢体的协作。

接下来的第二阶段，学员可以进行不踩脚踏板的骑行练习了。注意：不要踩脚踏板！一只脚着地向后蹬，然后换另外一只脚，在两只脚交替踩着地向后蹬的过程中，抓稳车子向前惯性移动。此外，还要学习刹车、下车。等这些动作都学完了，学员要把车身调转方向，重新坐上去，继续骑行，返回出发点。其间，需要练习上、下车。就这样，反复地练习。

到了第三阶段，学员需要用脚踩着脚踏板来练习骑行了。在这个阶段，还要学习如何掌控车手把。通常，学员的父母、兄弟姐妹甚至邻居好友都会陪在学员的左右，跟着车子走一段距离，适时地帮扶一下，以确保学员的安全。

最后的阶段，就是真正的独立骑行了。其实也没什么特殊的技巧，就是持续地在路上练习，再练习。正所谓，熟能生巧啊！

骑自行车是习得的一种终身技能

　　曾经，有一名经验丰富的自行车骑手，动手改装了自己的自行车。改装之后的自行车，当车手把转向右侧，车身向左行驶；当车手把转向左侧，车身向右行驶。他在骑行过程中，一次又一次地从车上摔下来，经过长达 8 个月的刻苦练习，从无数次的跌倒中爬起来的这名骑手，终于掌握了违背常规的逆向骑行技巧。但接下来发生的事又出乎所有人的意料！他竟然再次改装自行车，把它切换到常规模式，也就是说，车手把转向右侧，车身向右走；车手把转向左侧，车身向左走。出人意料的是，他竟然又一次次地从车上摔下来。不过，这一回，仅用了不到 1 个小时的时间，他就熟练掌握了常规自行车的骑行技能！事实证明：早期根植在大脑中的习惯是根深蒂固的，而后期习得的操作只是在大脑的早期记忆层上进行表面叠加。知识不等于理解，认知也并不等于能力。仅仅一辆自行车，就有很多需要我们学习的东西。

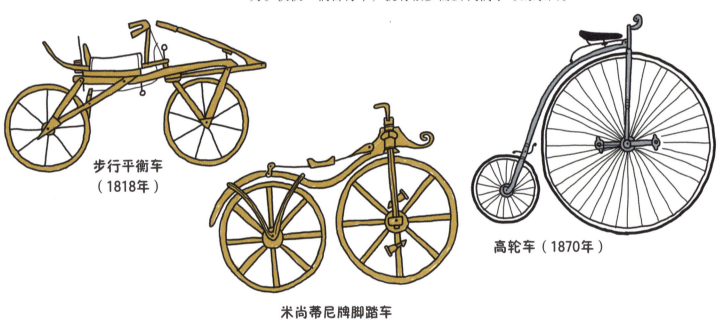

步行平衡车
（1818 年）

米尚蒂尼牌脚踏车
（1861 年）

高轮车（1870 年）

一种神奇的力量！

　　骑自行车这件事的本身就已颠覆了人们的想象力。当两轮平衡车在法国第一次亮相时，所有人都目瞪口呆。这辆由两个轮子一前一后排列着、却需要人力来驱动的交通工具，如何能保持平衡呢？眼看着车子要向右倒下时，骑车的人只要赶紧将车手把向左转，就可以把车身回正；如果车子要向左偏倒时，就立即将车手把向右转，只有这样才能够保持平衡。这是怎样一种神奇的力量在操控啊！

典型的荷兰自行车
（20世纪初）

安全自行车（1884年）

带变速齿轮的公路自行车（1937年）

封闭式人力自行车
（带防护罩的卧式自行车，1980年）

小·轮极限运动自行车
（1969年）

自行车的发展进程

　　自行车的发展演变历史，大致可以划分为四个阶段。第一阶段是从1814年开始至1880年结束，是用双腿驱动的平衡车时期，主要从法国开始发展。自1880年到1914年，是第二阶段，是脚踏两轮车的时期，这个时期的交通工具拥有漂亮的外观和各种不同的外形。这个时期的特点是一系列接踵而来的新发现和技术革新，例如：脚踏板的发明和可充气的轮胎。第三阶段是从第一次世界大战开始到1970年左右结束，是现代自行车的发展时期。在这个时期里，自行车不再是贵族和少数特权人士的专属物品，广大民众也纷纷接过车手把，蹬上脚踏板，自行车得到了广泛普及。第四阶段，是自行车与汽车的竞争时期。其间，自行车曾经差点儿被挤出局，但是，它奋勇地站起来，经过不懈努力，再度获得了全新的发展动力。一系列的新型自行车在这个时期不断涌现出来，包括野外山地自行车、卧式自行车、变速折叠自行车、城市休闲自行车、运动竞赛自行车，统统闪耀着光芒。

现代的变速折叠自行车（1992年）

　　也有人提议，把现有的电动自行车和电池驱动自行车作为自行车发展历史的第五阶段。将来的事情，现在谁也无法预测，但可以肯定的一点是，未来的自行车一定会有更令人惊叹不已的发展！

第一章
步行机器

鞍座

    在这台"步行机器"上，鞍座是一条弯曲的木梁。骑行的人双脚交替着蹬地，类似步行和跑步一样地向前骑行。尽管人们在骑行之后，屁股可能会出现瘀青和酸痛的现象，但相较于出行的便利而言，人们也觉得无所谓。

刹车

    这种"步行机器"没有刹车。当想要停车时，你不得不把脚放在地上，通过脚与地面的摩擦产生阻力，从而停下来。

劳夫"步行机器"
（Laufmachine）

    劳夫"步行机器"是由卡尔·德莱斯（Karl Drais）于1817年6月发明的，它的重量为45千克。

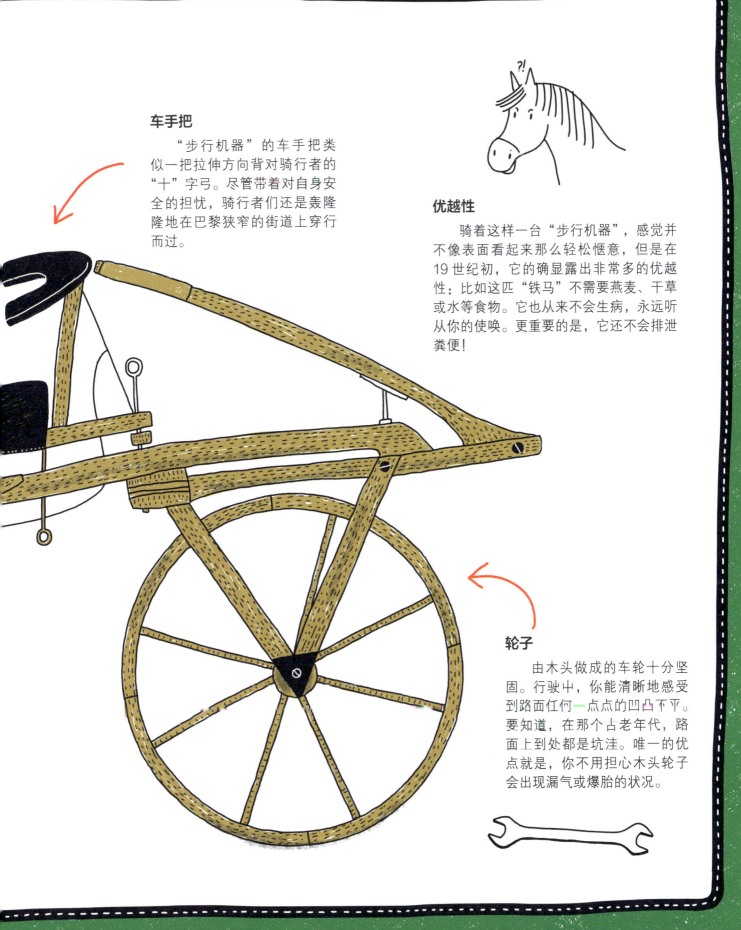

车手把

　　"步行机器"的车手把类似一把拉伸方向背对骑行者的"十"字弓。尽管带着对自身安全的担忧，骑行者们还是轰隆隆地在巴黎狭窄的街道上穿行而过。

优越性

　　骑着这样一台"步行机器"，感觉并不像表面看起来那么轻松惬意，但是在19世纪初，它的确显露出非常多的优越性：比如这匹"铁马"不需要燕麦、干草或水等食物。它也从来不会生病，永远听从你的使唤。更重要的是，它还不会排泄粪便！

轮子

　　由木头做成的车轮十分坚固。行驶中，你能清晰地感受到路面任何一点点的凹凸不平。要知道，在那个古老年代，路面上到处都是坑洼。唯一的优点就是，你不用担心木头轮子会出现漏气或爆胎的状况。

一辆劳夫"步行机器"

卡尔·德莱斯是个很有想法的人。当他才 20 岁出头时，就已经拥有了很多学识。他笃定地认为，就算只借助双腿的力量，也能够让人们更快更轻松地移动。他的贵族血统及所获得的数学和物理学位证书，已然为他铺平了通往成功的道路。在担任护林员的职务期间，他通过各种不同的试验而从中积累了丰富的实操经验。他时常拿着各种装置和配件进行不同的组合安装，结果却是徒劳。他正式向公众展示的第一件作品是一辆四轮马车，其中的马拉动力被人力（即双腿）所替代了。尽管当时人们对这个装置报以各种嘲讽讥笑，但他却愈加坚定了自己的信念。

没过多久，卡尔·德莱斯便成功地设计并制作出他的"步行机器"。这个交通工具奇妙极了，有着几乎一样大小的前轮和后轮，还有一个弯曲的拉杆架，即鞍座。此外，还有一条牵引杆将两个轮子牢牢地牵制住，正是如此简单的一个结构却发挥了超乎寻常的作用。德莱斯在驾驭这台机器的过程中，煞费了不少心思。最终，他设计出一款看上去像是一把弓箭且箭头指向骑行人员的手把，这个车手把正是用来控制机器的行驶方向。那时候，刹车件还没有派上用场，所谓的刹车完全需要依赖骑行人员的脚底来控制。在当时，要驾驭好这台机器绝非易事，即便是狩猎能手，也未必能够很好地驯服这台"步行机器"。

与此相反，如果要启动这台"步行机器"，完全不费吹灰之力。只需要把一条腿跨过横梁，坐稳在鞍座上，然后像走路一样摆动双腿。接下来，左右脚踩着地面，用力地交替向后蹬。当你感觉到双腿累了，停止摆动双腿时，这台"步行机器"已经驶出好长一段距离啦！

劳夫"步行机器"

这不是滑稽搞笑的机器

　　毫无疑问，这台"步行机器"也有很多缺点。它重达45千克，除了在使用过程中特别笨拙之外，其成本也十分昂贵。它的鞍座只是一个拉杆架，坐上去很不舒服。驾驶它走上坡路要比走平坦路面更加困难，而走下坡路时，两只脚就像插入土里犁地一样。如果遇到一个小缓坡，骑行人员可以把双腿叉开向前抬高，看起来就像是一只轻盈的燕子掠过地面。如果遇到大陡坡，那就极有可能发生一些有生命危险的窘况了。无论如何，这台"步行机器"是革命性的发明产品，那个年代里，许多生活富裕的人们都想拥有这样一台新机器。

火山喷发式的救助

　　1815年4月，印度尼西亚的坦博拉火山，以史无前例的猛烈程度喷发了。从火山口喷射出来的火山灰夹杂着熔岩，犹如高压喷射一样，直达40千米的高度。整个世界瞬间发生了翻天覆地的变化。明媚的春光转眼变成褐色的秋夜，炎热的仲夏夜转眼变成清冷的寒冬夜。整个地球骤然降温，农作物停止了生长，几乎没有任何收获；所有商业贸易机构纷纷倒闭；疾病、死亡及各种灾难此起彼伏地发生在世界的各个角落里……那些末日先知们敲响鼓声，宣告说："世界末日即将来临了！"马匹们因饥饿而日渐消瘦如柴，最终只能在死亡面前低头，可怜地躺在马厩或者大街上咽下最后一口气。人们迫切需要一种新的、便捷且廉价的交通工具来代替马匹，与此同时，经济需要复苏。在这个紧要的生死关头，卡尔·德莱斯挺身而出，奋勇地高喊着："大家不要害怕！我来解救你们啦！"

卡尔·德莱斯
（1785—1861年）
劳夫"步行机器"的发明者

速度魔王

　　1817年6月12日，卡尔·德莱斯从德国的曼海姆出发，抵达施韦青根的邮局，共骑行了14.4千米，耗时仅1个小时多一点。每当谈论到他的这次伟大壮举时，他都会非常自豪地揉一下曾经瘀青的屁股。为了这台"步行机器"，他申请了发明专利。至于这台"步行机器"所带来的身体酸痛，他却只字未提。

施韦青根宫

曼海姆市

由滑冰产生的灵感

卡尔·德莱斯从滑冰者的身上得到了灵感与启发。他观察到，那些在冰上飞快闪过、令人无比羡慕的超速度，其实是两条腿的功劳。滑冰的速度简直比跑步的速度快了不知道多少倍！卡尔·德莱斯开始进行认真的计算和分析。滑冰的速度取决于冰面状况、滑冰鞋、肢体动作、肌肉力量等诸多要素的相互作用。那么，是否能够开发出一款由人类肌肉力量驱动、以固定的步法运作、在路上行驶的机器呢？他意识到自己有必要做点什么，于是就着手干了起来。

真正的"铁马"

1818 年 4 月 7 日，卡尔在法国巴黎的卢森堡公园向公众展示了他的"步行机器"。3000 多人前来现场观摩，惊喜万分之余，他们口耳相传地散播着：自己亲眼见证了真正的"铁马"，也可以说是"铁制马"或者"钢铁金属马"。有些人还给这台"步行机器"起了一个绰号"人力驱动两轮车"。

英国人从德国人的这项发明中窥见到了巨大的潜在商机，并且确信只有他们才能让这款机器变得更好。他们表面上却表现出一副很不以为意的样子：毕竟这是来自欧洲大陆、德国人发明出来的一个廉价的交通工具，从那种地方来的东西能有什么特别之处呢？

普通民众也并不完全认可这台"步行机器"，觉得它是纨绔子弟们的玩具，类似"滑稽小丑的马"。只有固执的德国人，坚持称之为"Drahtesel"，意为"焊接的铁马"。 在使用荷兰语的地区，人们一直保留着他们自己的传统观念：两个轮子的马就是"铁马"，就跟铁路是"铁的路"一样的道理。

巴黎卢森堡公园

可望而不可求

　　这款"步行机器"是一匹造价昂贵的"铁马"，通常，只有富人才会买来作为探险寻乐之用。普通民众对步行车持鄙夷态度的真正原因是：不管步行车的价格有多离谱，有钱人想买就买了。在那个久远的年代，这台机器的价格，犹如一张去月球旅行的飞机票那么贵！

平衡艺术

　　步行车的平衡性问题逐渐显露出来。只有骑行速度提升了，才比较容易控制好平衡，通常只有在车子速度很慢甚至是静止的时候才会出现失控的状况。很多骑行人员没有掌握这个技能，经常忘记把脚放在地上垫一下，结果屡次从车上摔下来。

自行车骑行培训场

　　当越来越多的人开始骑自行车时，自然就出现了相互间的较量。然而，那些骑自行车的领军人物们并没有刻意地去进行相互间的较量。骑手之间的专业比赛是后来才出现的事情。而在当时，他们想要较量一番的对象是马匹。那是踩着两个轮子的人与四条腿的马之间的较量！这种真实存在的较量，犹如宇宙中永不泯灭的星星一样。毕竟，两轮车也好比是一匹马，只不过它是由钢铁打造的。此外，骑行人员还必须在所谓的"骑术学校"里，学习如何操作和控制这种两个轮子的车。

　　1891 年，骑手们从维也纳骑车前往柏林，在长约 582 千米的距离中，骑行了约 72 小时，平均速度为每小时 8 千米。1893 年，骑行相同的路径和里程，骑手们把平均速度提高到原来的 2.3 倍，即时速 19 千米，总时长为 31 小时。在取得辉煌胜利的那一周，骑手们都呈现出神采奕奕的迷人气质。

德国的阿尔伯特·爱因斯坦（Albert Einstein）是世界上最杰出的物理科学家之一，他曾说过："生活就像一辆自行车，只有不断前进，才能保持平衡。"荷兰著名作家威廉·弗雷德里克·赫曼斯（Willem Frederik Hermans）也曾写道："如果没有人坐上去，自行车很难站立不倒；而一旦有人骑在它身上，自行车就不会轻易摔倒。"让我们仔细思考一下这些名言中的寓意吧！

马?还是自行车?

　　马与驴不同，马有自己的放松方式。它可以待在草地上或者马厩里，有时候还会跑到离住所很远的地方。马需要很大的生存空间。相反，自行车很乖巧听话，随时都可以拿来使用，而且还不必消耗任何的燕麦、干草和稻草。它们方便随处停放，不像饲养马匹那样需要清扫场地及梳理毛发。自行车不会生病，也从不需要任何花费或者医疗护理。自行车的生产商们从来都没有放过任何一个推广和销售这款交通工具的机会。最终，当马的价格跌至历史最低点时，饲养马匹的个体和商家们纷纷破产，整个饲养行业都崩塌了。

源于马粪的危机

　　1800 年，纽约市约有 8 万人口，而到了 1900 年，则有接近 350 万人口。绝大多数居民需要依赖马拉车、四轮马车及马拉包厢车这些交通工具来进行外出活动。随着人口剧增，人们不得不补充更多的马匹，导致马匹的数量越来越多。在当时，10 万匹马已达到市场饱和度，而实际情况却远超这个数字。每天，一匹马能够产生 1 升的马尿、7~15 千克的粪便。换言之，每天的粪便总量是这些数量的 10 万倍还要多！有报纸曾报道："被喻为'大苹果'的纽约市，已在粪便中腐烂、死去，臭气熏天。"如果仅仅是粪便也就算了，可是还有其他更严重的问题。每天，这座城市都有大约 40 匹马因为精疲力竭地劳作而暴毙在街道上。而清洁工们并不及时清理，任由马匹的尸体在街上日晒雨淋，等到尸体开始腐烂了，才进行清除和打扫。

这种臭气熏天的脏乱景象，也出现在欧洲包括巴黎和伦敦在内的大城市里。"再过50年，伦敦就会被马粪完全覆盖。"在1894年，曾有记者如此报道过。显然，普通民众的公共健康已受到了威胁。1898年，一场为期10天的国际会议召开，核心议题就是如何应对马粪造成的公共健康危机。参会人员认识到了问题的本质、亲身体验到了城市的恶臭，纷纷按捺不住地从豪华丝绒皮椅上站起来，激烈地讨论着。可惜最终也没有找到一个可行的解决方案。

没有轮子，何来自行车？

宇宙的年龄约有138亿年，地球约有45亿年。第一个轮子自出现至今，才只有5500年。尽管第一个轮子是用石头凿出来的，非常重，但它可是第一个完整的轮子。在最初，石轮是在陶泥瓦罐的制造过程中给瓦罐进行旋转打磨用的，并不是用来骑行的。与那些被驯服了的马一样，轮子也来自遥远的东方国度。

在第一个轮子出现的1000年后，人们终于用木材做出了一个木轮子。同样是圆形的轮子，木轮比石轮要轻很多，但还是很重。所有人都很满意这个木轮，觉得无须再对它做任何修改。于是，又过了1000年，终于等来了一个类似"鲁班师傅"的能工巧匠，他对木轮进行了改良，给轮子加了辐条。为了保护轮子的摩擦表面，他还在轮子上面加了一层铁皮带。在长达一个多世纪的时间里，这款木轮得到了广泛的应用。

大约在1800年，有人用一条完整的橡胶轮胎替换掉了铁皮带。又过了50年，一个名叫罗伯特·威廉·汤普森（Robert W. Thompson）的人，尝试给这个轮胎充气，自此就有了充气轮胎。再后来，汤普森还发明了可漏气轮胎。而在当时，他并没有意识到那其实是一种漏气的技术装置。

第二章
踩着脚踏板的骑士们

刹车

　　米修父子俩把铁片紧密地粘贴在后车轮上，作为刹车装置。刹车时，极有可能因为铁片间的摩擦而产生很多火花，必须警惕小心！

车轮

　　车轮由铁制成，辐条也是铁的，且是实心的。想象一下吧，一个车轮已经很重了，那么两个车轮，将会非常重！

米尚蒂尼牌脚踏自行车

　　坚固如钢的脚踏自行车，是由米修（Mishaux）父子二人于 1861 年在法国巴黎设计发明的，重量为 22 千克。

鞍座

　　米修父子对五金店所供应的鞍座采取了保留原样不变的做法。然而，在英国人眼中，这种马车是一种伤筋劳骨的玩意儿。

车手把

　　它实际就是自行车的方向盘，决定了驾驶的方向和稳定性。米修父子生产的自行车深受人们的喜爱，但遗憾的是，普法战争的爆发导致他们的自行车滞销且业务破产。英国人趁火打劫地掠取了自行车的所有发明成果：在据为己有之后，开启了自行车的新历程。

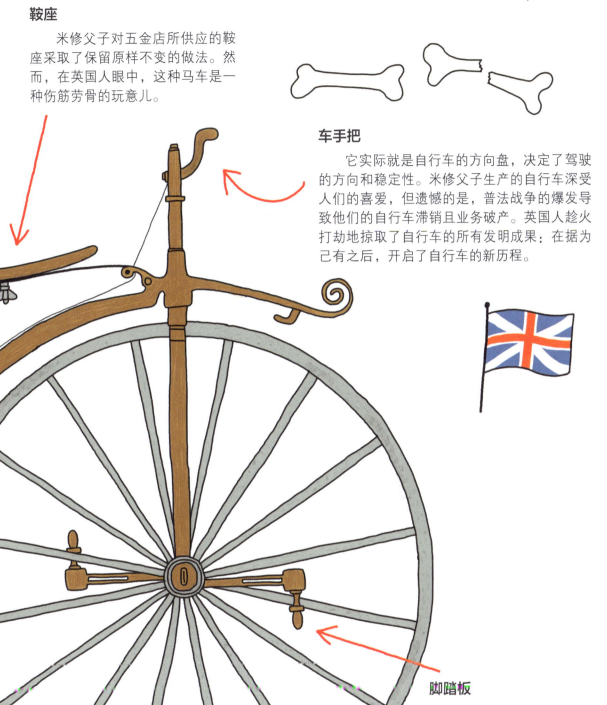

脚踏板

　　米修父子还发明了脚踏板。当时脚踏板并不广为人知，但全世界都在等待着它的出现。它的作用是让脚可以休息或者通过脚的踩蹬来助力车子前行。正是因为有了脚踏板，人类才实现了自行车发展历史上一次非常关键的技术突破。

自行车的脚踏板

法国的帽子制造大亨布鲁内（Brunel）在米修公司订购了脚踏自行车。在那个时候，米修公司是非常出色的铁匠和车辆制造商，但是，布鲁内还是急切地追问他们，能否加快进度，早一点儿完工。原来，他需要遵守帽子采购订单上的约定，尽快向客户交付完好的货品。如果没有脚踏自行车，那就无法按时交货了。他当时正面临十分紧急的处境呢。

车子终于制造完成了。米修的儿子恩尼斯特（Ernest）弯着腰打量着车子，这可是他一手一脚亲自打磨出来的成品，他还在城里亲自试骑了一圈。"感觉超级棒啊！"他试骑结束后说，"就是全身有点儿酸痛。哦，我的屁股、骨头关节、腰背脊梁都很酸痛。我的腿也抽筋了，因为在骑行的时候，我必须把两条腿一直架在半空中。"

父亲皮埃尔（Pierre）仿佛突然被闹钟叫醒一般，灵机一动："我们可以在前轮上加上两根横杆，这样你就可以把脚放在上面了。"他说着，"马上就能弄好。"当熔炉里的火焰还未燃烧起来时，父亲就又想到了一个更加绝妙的主意。"如果我们把铁棍焊接在前轮的轴心上，然后再在轮子两侧各放一块踮脚铁片，这样，就能够一石二鸟地解决两个问题。既可以让脚休息，又可以用脚蹬脚踏板，给轮子向前的助推力。"脚踏板由此诞生。自此，骑行者们也开启了新的脚踏板骑士时代。

巴黎
1867年

脚踏自行车

具有刹车功能的脚踏自行车

　　米修父子俩在脚踏板上安装了铁质底板片，令自行车获得了更好的平衡性。与此同时，他们还在自行车上安装了一个弯曲的铁杆把手。拉一下铁杆把手，铁片就会被推到铁后轮上，接下来，车子就在摩擦阻力的吱吱声中慢慢地停下来了。于是，伴随着火星四溅、噼里啪啦的金属敲打声，整个五金铺的工作人员都在全力以赴地赶制这款新式的脚踏自行车。在 1861 年，正是这样一辆重达 22 千克的自行车，却能够在无比坚硬的路面上飞速地狂奔。尽管如此，英国人还是对这种脚踏自行车嗤之以鼻，认为它是一种让人伤筋劳骨的玩意儿。

恩尼斯特·米修
（1813—1883年）
脚踏自行车的发明者

把脚放在脚踏板上

　　脚踏板的设计，犹如给自行车插上了飞翔的翅膀。骑行者能够更快地抵达他们想要去的目的地。骑行时，他们无须再把脚放在地上，而是能够把脚和腿放在脚踏板上，从而在骑行中获得真正的片刻休息。这款米尚蒂尼牌两轮脚踏自行车所获得的巨大成功，超乎了所有人的预想。在 1867 年，父子二人就轻而易举地售出了一千辆自行车。

　　在巴黎世界博览会上，这款自行车成为一大亮点，吸引了众多关注，推进了自行车的国际化发展历程。眼看着自行车发展的黄金时期即将到来，普法战争却爆发了，意外地遏制了它前进的步伐。位于法国的五金锻造厂因这场战争而停工倒闭之后，英国把自行车这项伟大的发明据为己有，并在此基础上，继续对车的技术和工艺改良进行探索和研究。后来，有不知情的人问，自行车是法国人发明的吗？英国人会冷漠地否认。接下来，整个世界都把这个事实给忘了。

迅猛龙

　　由米修父子发明的这款炫酷的脚踏自行车跑得速度飞快，因此，它被冠以"迅猛龙"的绰号。在拉丁语中，"velox"指速度快，"pes"是脚的含义。骑着"迅猛龙"的人，意为腿脚飞快的人。千万不要把它与"Veloc-iraptor"——迅猛龙这种动物混淆了。迅猛龙可是一种大型食肉恐龙，它在扑杀时，速度高达每小时 64 千米。

迅猛龙　　　　骑着"迅猛龙"的人　　　　让人伤筋劳骨的玩意儿

皮埃尔·腊仍曼特
（1843—1891年）
脚踏板的发明者
（不确定）

儿童的教培工具

在将近 40 年的时间里，没有人想过要重新审视一下平衡车，并为它做一些更新迭代的改进，直到米修父子俩脑洞大开，开发出脚踏板自行车。平衡车似乎迷失了它的发展方向，不过最终，平衡车作为训练孩子们掌握平衡技能的最佳器具，为了帮助儿童将来真正骑自行车做好准备，它还是得到了持续的发展进步。在保持原形不变的基础上，改良过的平衡车变得轻了许多，也变小了不少。

哥伦布之蛋

能否确定地说米修父子俩是脚踏板的发明者呢？不能。他们的家仆皮埃尔·腊仍曼特（Pierre Lallemant）对此持反对意见。普法战争爆发之后，曾经昌盛一时的米修家族企业宣告破产倒闭。没多久，父亲皮埃尔和儿子恩尼斯特先后去世。仆人腊仍曼特跨越大西洋，来到美国碰运气，寻找新的发展机会。当脚踏板被拿出来展示时，他的姿态令人觉得那个物件是他发明的。美国人看呆了，这个脚踏板的设计原理居然这么简单啊！简直就是"哥伦布之蛋"。"为什么等到现在，才有人想到一个如此简单的方法来操控自行车呢？"大家都很疑惑不解。而腊仍曼特在荣耀面前，很是洋洋自得地说："因为这一切都是明摆着的事啊。"

时至今日，在英文语系的国家和地区，人们依然固执地认为腊仍曼特是世界上第一个发明自行车脚踏板的人。

高速魔王

米修父子俩，是最早制造出米尚蒂尼牌赛车（Race-Michaudine）的自行车制造商。这款车的配置包括：自动转轮装置（即骑行者可以踩着脚踏板不动）、滚珠轴承（用来降低车轮在旋转过程中不同配件之间的摩擦阻力）、装有辐条的车轮及橡胶轮胎。在那个年代，米尚蒂尼牌赛车属于非常高端的产品，可以与现今的 F1 方程式赛车相媲美。

平衡车2.0版

脚踏自行车

皮埃尔·腊仍曼特

脚踏自行车

文件编号：59,915

专利授予日期：1866年11月20日

图1

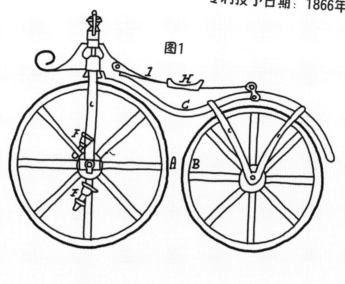

图2

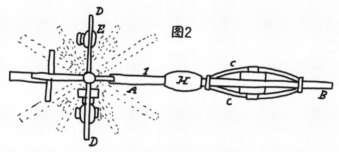

图3

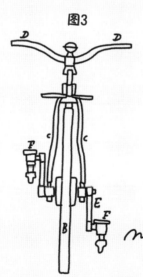

见证人署名：

发明者署名：

Pierre Lallement.

第三章

高水平的技术

刹车

　　高轮车是前轮大、后轮小的一种脚踏自行车，它没有刹车装置。要想刹车，只能用脚在持续旋转的踏板上施加反作用力。这种试图阻挡或者倒着踩蹬的操作，在下坡的过程中是完全行不通的。此外，当车速非常快时，如果想要从车上直接跳下来，也是非常危险的行为。

支脚架

　　在车的左右两侧均有一个支脚架。骑行者向前推动自行车，先将一只脚踏在支脚架上，接着助力让自己坐到鞍座上。这一气呵成的连贯性动作，让骑车的人看上去像极了那些表演杂技的演员。

高轮车

　　严格意义上来讲，"发明"这个词，不适用于高轮车。在 1870 年的英国，涌现出各式各样的五金铁匠和马车制造商，大家都在企图找寻到更好的产品，高轮车应运而生。

鞍座

　　那些穿长裙的女士们，绝对不可能爬得上那么高的高轮车。为了能够骑上这辆高轮车，女士们想方设法地四处搜罗适合骑行的衣服。

车手把

　　车手把呈横向，直接连接前叉和前轮。这样的设计，正是为了轻轻地推一下车手把，就能使车子转向某个角度，从而轻易地进行方向的控制。但是，车子在转弯时，前轮容易夹住腿，需要格外小心。

轮子

　　高轮车最显著的特征就是它的前轮特别大，而后轮特别小。想象一下吧，有些前轮的直径甚至长达 3 米呢！

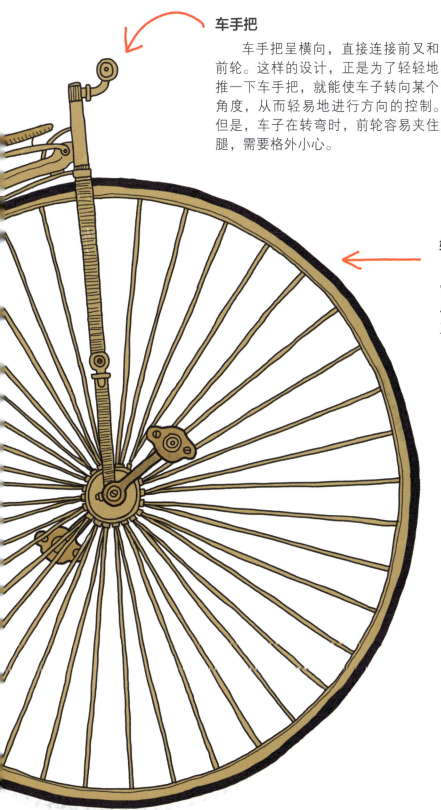

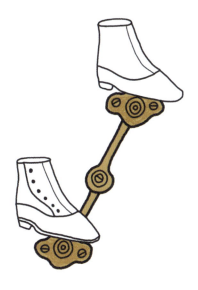

脚踏板

　　脚踏板是固定在前轮的车轴上的。一旦自行车开始向前行进，脚踏板就开始转动。前轮的尺寸越大，骑行的速度就越快。

炫酷的高轮车

　　自从法国发明的脚踏自行车取得了巨大成功之后，英国的五金铁匠和发明家们，并没有就此善罢甘休。他们联合起来商量着，要设计出一款整体性能比法国的自行车更出色的新款自行车。

　　到底是哪个天才创造出高轮车的呢？在英伦岛国，这一直是

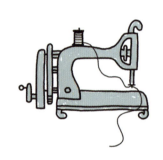

个未解之谜。研究人员们普遍认为，高轮车出现在 1870 年前后。在当时的英国，高轮车是许多五金铁匠铺在对自行车进行各种修改、打磨及重新设计的过程中出现的必然产物。不过，可以确定的是，当时风靡世界的缝纫机的设计工艺，为高轮车的出现发挥了很重要的借鉴和参考作用。

　　毫不夸张地说，高轮车是一个很炫酷的器件。即便是今天，很多人也会认同这个观点。与此同时，高轮车的整体设计十分独特，简单而言，它那个特别大的前轮及特别小的后轮，让它看上去就特别的与众不同。就好像一只小老鼠紧追着一头大象说："嘿，大象，咱们俩这样一起轰隆隆地去压马路，真是妙不可言啊，对吧？"英国人还给高轮车起了一个别名——"大小硬币车"（一便士是大硬币，一分钱是小硬币）。

　　因为脚踏板是安装在大大的前轮上的，所以鞍座也就被放置在弯曲的车架上。骑行的人必须确保他的脚刚刚好能够放在踏板上，而且还要保证他的腿不会妨碍车身的左右转向操作。显而易见，高轮车的骑行难度非常高。但是，人们一旦掌握了骑行技术，就能够充分享受这款炫酷的车带给他们的骑行乐趣和无以言表的极致体验。

问题的根源

在第一款高轮车模型中，车手把是垂直安装在前叉上的，而前叉也是垂直安装在前轮上。如此一来，转向变得高度灵敏。只要轻轻向右侧推一下车手把，车身立即转向右，而向左侧轻推一下车手把，车身就会立即转向左。在后来陆续推出的几款高轮车车型中，前叉被设计改良了，具有了倾斜角度，这样后轮与前轮的距离就拉开了一些。这个细小的改动，极大地增强了高轮车的操作安全性。

前轮的直径越大，往往意味着骑行的速度越快。但是，那恰恰是导致问题出现的根源。在地心引力的作用下，如果高轮车和骑行者的重心不在同一条居中线上，那么，翻车事故就随时有可能发生。为了稳住车子的重心，当前轮设计得很大时，后轮就必须设计得很小。于是，前轮直径长达 3 米的高轮车闪亮登场了！当马路上远远地传来持续性的轰隆隆声时，一个庞然大物很快地出现在人们眼前，随即飞驰而过！

高轮车的魅力

高轮车有一种属于它的独特魅力，令人着迷。它让人赏心悦目，而且还给人一种高端、大气、上档次的感觉。这一切归功于骑行者居高临下的坐姿及他紧握着的那个车手把。那个车手把看上去像极了一对斗志昂扬的牛角，它既可以是扁平的，也可以是弯曲上翘的造型，就像男士们的八字胡那样。不管车手把的形状如何，骑行者们都仿佛高高在上地坐在马背上，带着灿烂的微笑，在车水马龙的街上前行。

约翰·亚当
（1756—1836年）
碎石路的设计师

碎石层铺设的硬路

腾云驾雾般地骑行

骑在高高的高轮车上，往往给人一种错觉，仿佛自己在云端骑行。糟糕的是，短暂的美好幻觉，总是因频繁地从车子上摔下来而破碎。一个突然的紧急刹车或者路面上的一个坑洼，就能够把骑行者狠狠地甩出数米开外。这种高空坠地式的摔落，有时甚至会导致骨折等严重的身体伤害，十分危险。

如果骑着高轮车下坡，那简直就像一场噩梦。骑行的人都已经提前收到训诫、被警告过：下坡过程中，一旦失控，最好能够把双腿搭放在车手把上，摔落时就能够双脚着地。然而，让人难以置信的事实是，这种骑行安全系数如此之低的高轮车，竟然迅速地在市场上受到广泛追捧，曾一度被大批量生产。19世纪末，人们认为，高轮车作为两轮自行车，是超乎想象的高端和先进。骑高轮车曾一度风靡全世界，高轮车的骑行，代表着时尚、创新和潮流。高大上的高轮车在所有大街小巷中都占有一席之地，由于其遍布广泛，人们宠爱有加地给它起了一个昵称——"通用车"。

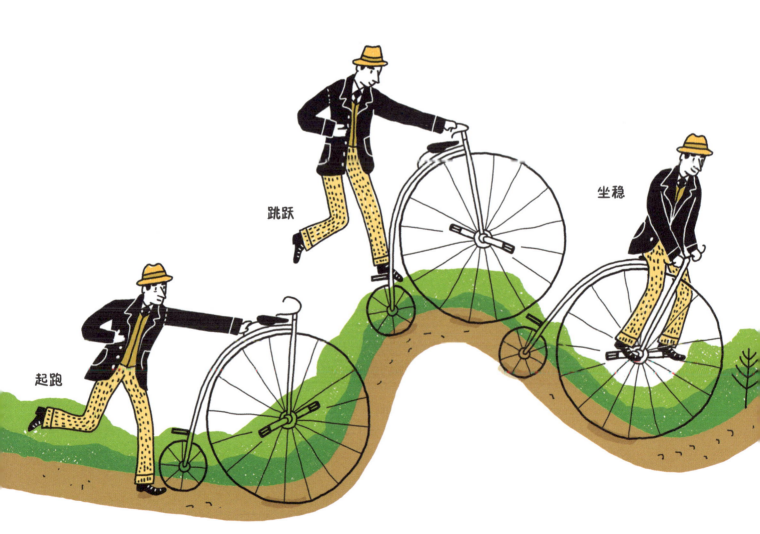

跳跃

坐稳

起跑

没有刹车的高轮车

如果高轮车的前轮周长是 2 米，骑行人员只需要踩蹬一圈，车子就能驶出 2 米外的距离；如果前轮周长是 3 米，那只需踩蹬一圈，车子就能在 3 米外的距离。然而，高轮车的一个严重缺陷是它没有刹车装置。骑车的人别无他法，只能踩着脚踏板不动或逆向踩蹬脚踏板，试图让轮子停止转动。但是，当车子行驶速度很快的时候，脚踏板被轮子带动着顺时针向上的惯力，比逆向踩着脚踏板向下的压力要大很多。这时候，骑行人员就极有可能从车上被甩出来，狠狠地跌落在地。

高难度动作

那些骑高轮车的人，无外乎都是些天不怕地不怕的勇者、身手敏捷的杂技演员、喜欢冒险和寻求刺激的人及一些喜欢到处彰显自己特立独行的人。要想骑上这种交通工具，骑行人员必须要身手非常敏捷、有过人的胆识及娴熟的平衡技巧。在凹凸不平的路面上，骑车的人要有非常敏锐的观察力，才能在马匹、马车、路边行人中穿梭自如。那些没有过硬的骑行技术的人，千万不要骑高轮车上路。

对于想驾驭一辆高轮车的人而言，首先，他必须要让车子以快而稳的速度前行；然后，一只脚踩着后轮的支脚架，接着把另外一只脚放到前轮的脚踏板上，最后顺势坐到鞍座上。这一连贯的高难度动作，不太适合儿童和女士们。

罗马之路：
用鹅卵石铺设的道路

道路

在 2000 多年前，古罗马人就已经发明了一种道路，俗称"罗马之路"，它是采用鹅卵石来铺设的、可以快速通行的长距离专道。1834 年，苏格兰人约翰·麦克亚当（John Mc Adam）开发了一种宽阔的、用碎石铺砌的路面。1923 年，在荷兰的阿姆斯特丹市，修建了第一条碾压式柏油马路。那些早期以身践行的骑行者们，他们的努力功不可没！

南非荷兰语
fiets

第四章
自行车在世界
不同语言中的表述

希腊语
ποδήλατο

阿拉伯语
دراجة هوائية

匈牙利语
kerékpár

世界语
biciklo

丹麦语
cykel

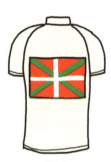

巴斯克语
txirrindu

意大利语
bicicletta

德语
Fahrrad

芬兰语
polkupyörä

保加利亚语
колело

冰岛语
reiðhjól

爱尔兰语
rothar

斯洛文尼亚语
dvokolo

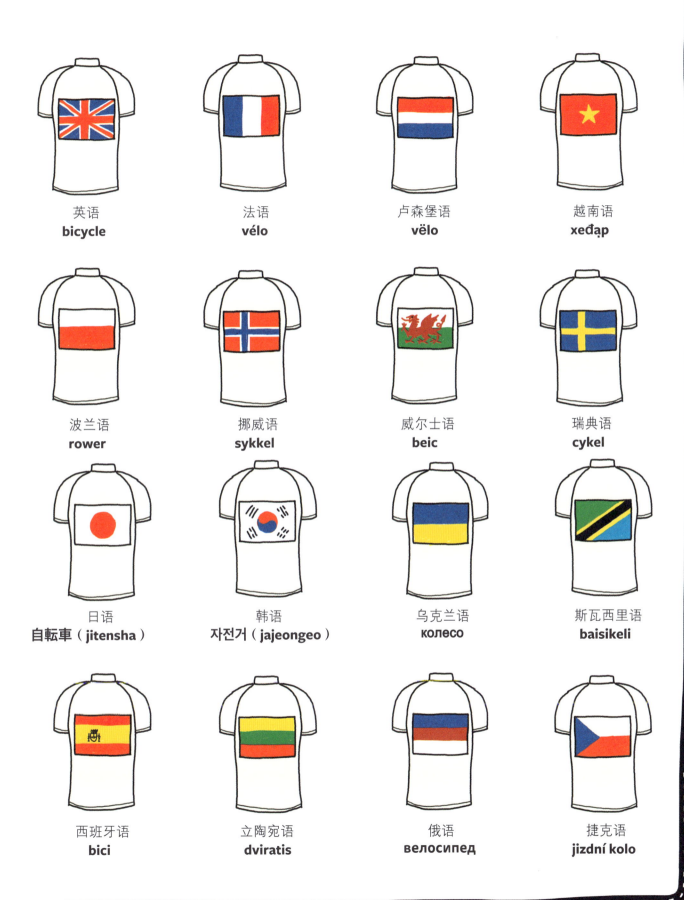

英语
bicycle

法语
vélo

卢森堡语
vëlo

越南语
xeđạp

波兰语
rower

挪威语
sykkel

威尔士语
beic

瑞典语
cykel

日语
自転車（jitensha）

韩语
자전거（jajeongeo）

乌克兰语
колесо

斯瓦西里语
baisikeli

西班牙语
bici

立陶宛语
dviratis

俄语
велосипед

捷克语
jizdní kolo

托马斯·史蒂芬斯
（1854—1934年）
世界自行车旅行家

骑行路线图

芝加哥　波士顿
旧金山　纽约

骑着高轮车环游世界

　　出生于英国的美国人——托马斯·史蒂芬斯
（Thomas Stevens）不惜代价地想要证实高轮车既是机械
奇迹又是出色的交通工具。1884 年 4 月 22 日，他坐在高
轮车上，随身携带的简易旅行袋，实际上是一件既可以当帐篷
又能够当睡袋的防水雨衣。随着车轮向前转动，他开始了从西海
岸到东海岸的冒险旅程。他的意志很坚定！

　　旅程开始之后的前 104 天里，史蒂芬斯骑行了 6000 千米。其
间，他休息了 20 天，因为他实在是累得精疲力竭了，又或者是遇到
恶劣的天气导致他无法赶路。深深地沉醉在这次冒险旅程中的史蒂芬
斯，在那辆忠实的高轮车的陪伴下，终于抵达了西欧。在英国的利物浦
市，人们将数百顶帽子抛向空中，向他致敬和道别。他经过了伊朗和阿
富汗，穿越印度和中国，搭乘渡轮抵达日本。之后，他驾乘着他的"钢
铁战马"，一路驰骋抵达横滨。

　　"我骑行了 2.2 万千米！"这个骑着高轮车环绕世界、周游列国的第
一位世界旅行家在荣归故里时，无比自豪地说道。他把这段旅程写进
了《骑自行车环绕世界》一书。在这本约 1000 页的游记中，有一半的
篇幅讲述了他在骑行期间的畅快感受。在那一页又一页的记载中，有
他记忆中刻骨铭心的相遇、不为人知的奇妙风景、风情各异的当地民
众及野生动物们。史蒂芬斯没有打算通过骑行去征服世界，他的骑车
旅行，纯粹是为了去发现和认识这个世界。

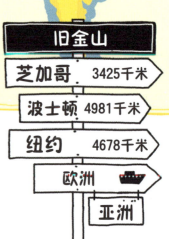

旧金山
芝加哥　3425千米
波士顿　4981千米
纽约　　4678千米
欧洲
亚洲

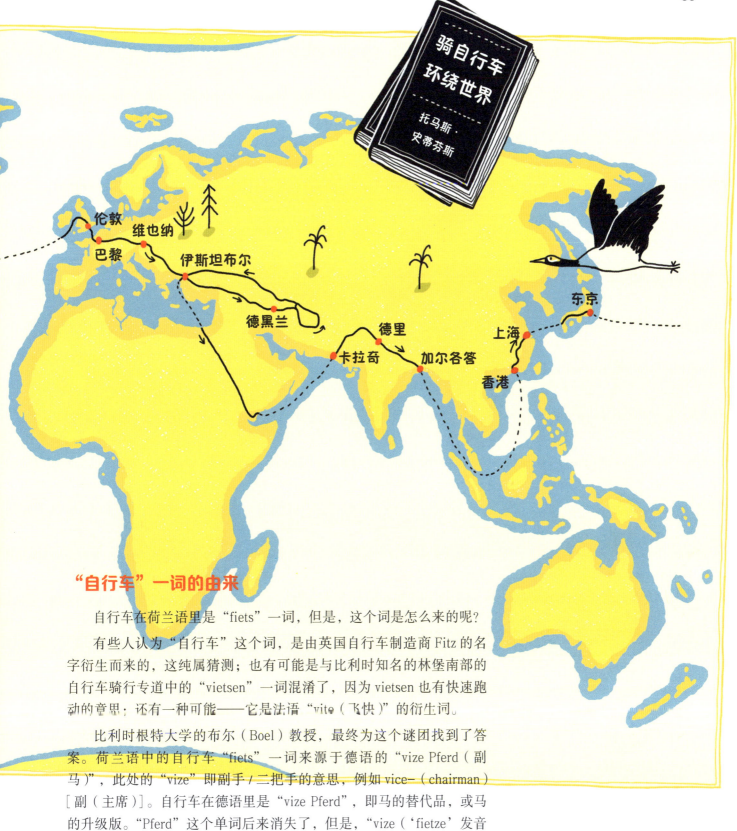

"自行车"一词的由来

自行车在荷兰语里是"fiets"一词，但是，这个词是怎么来的呢？

有些人认为"自行车"这个词，是由英国自行车制造商Fitz的名字衍生而来的，这纯属猜测；也有可能是与比利时知名的林堡南部的自行车骑行专道中的"vietsen"一词混淆了，因为vietsen也有快速跑动的意思；还有一种可能——它是法语"vite（飞快）"的衍生词。

比利时根特大学的布尔（Boel）教授，最终为这个谜团找到了答案。荷兰语中的自行车"fiets"一词来源于德语的"vize Pferd（副马）"，此处的"vize"即副手/二把手的意思，例如 vice-（chairman）[副（主席）]。自行车在德语里是"vize Pferd"，即马的替代品，或马的升级版。"Pferd"这个单词后来消失了，但是，"vize（'fietze'发音和荷兰语的'fiets'相同）"被保留了下来。

骑自行车的多种外语表达

骑车在法语中是"velo"和"bicyclette"，法语"Faire du velo"是"骑上自行车去兜一圈"的意思。如"请问，你是怎样去学校的？我骑了一辆'Velo'！""我们现在就出发吗？对，骑'bicyclette'出发。"

在使用英语的国家和地区，"bicycle"一词沿用至今。"To bike"就是骑自行车，"On your bike!"颇有点我们平常所说的"快点儿！准备出发吧"。

骑车在西班牙语中是"bici"；"bicyclette"和"bicycle"均是由希腊语"bicykel"衍生出来的（"bi"是两个的意思，而"kyklos"是圆圈或轮子的意思）；在南非荷兰语里，自行车就是"fiets"；而在印度尼西亚语里，自行车是pit（坑）；在芬兰语中，自行车是"polkupyora（路轮）"；德国人称自行车是"das Fahrrad"，"Fahrrad fahren"就是"正在骑自行车"；法国人超级喜欢他们的自行车，甚至一度亲昵地称自行车为"Petite Reine（小女王）"。

伦敦

巴黎

伊斯坦布尔

维也纳

卡拉奇

自行车狂热

在不同的情景中，语汇的意思会发生变化。荷兰语中，"woede"这个词曾经是狂热的意思。"rijwielwoede"指的是不惜一切代价要得到一辆自行车的狂热。"woede"作为狂热的意思，与愤怒、恼怒和暴躁没有丝毫关联。1898 年，"rijwielwoede"第一次出现在荷兰权威的 *Van Dale* 大辞典中。后来，该大辞典进行多次更新和重印，这个词被悄悄地删掉了。

骑自行车变成一种流行文化

在 1880 年，每一百个荷兰人中就有一个人拥有一辆自行车。到了 1910 年，每十个荷兰人中，就有一个人拥有自行车。越来越便宜的自行车被不断地生产出来并被投放到市场上，从而进入千家万户。专为自行车骑行者们而设立的俱乐部遍布了整个欧洲。他们成群结队地从城市出发，骑行到偏远的乡村，来到美丽的、原生态的自然风景区。这种骑行是富人家的女士和绅士们在展示他们丰富有趣的生活方式，同时也是一种传播语言的新方式。整洁的荷兰人喜欢四处骑行，甚至会骑到很偏远的角落里；高傲的英国人，抿着紧绷的上嘴唇，征服了整个联合王国的地盘；法国人纷纷从巴黎向四周蔓延开去，将自行车文化扩散到布列塔尼人、巴斯克人和奥克人种中。伴随着车轮的转动，上流社会高雅的言谈举止及昂首挺胸的自信仪表，也被散播开去。

自行车："rijwiel"或者"fiets"？

在 19 世纪，有地位的荷兰人是不屑于用"fiets"指代自行车的，因为他们觉得这个词很贫瘠、很土气。截然相反，权贵人士们都在使用"rijwiel"来谈论他们各自的自行车。荷兰人把功劳归于乌特勒支市的一位文学家阿尔弗瑞德（Alfred Buijs），是他在 1869 年，从"rijtuig（马车）"中衍生出了"rijwiel（自行车）"。"rijwiel"作为前缀词，被广泛地使用在现今的荷兰语中。

德黑兰

德里

上海

东京

第五章
核心架构

鞍座

　　车座是可以拆卸的，但一定要将车手把和车座固定好。在所有车型中，折叠自行车的重量最轻，它总是能够在竞技比赛中获胜。为了安全起见，骑行人员需要佩戴头盔。

军事武器装备

　　自第一次世界大战爆发以来，军队对折叠自行车就赞不绝口。它像个精灵一样，在前线与不同战壕之间来回地快速穿梭。空投部队曾经在第二次世界大战中，携带这种交通工具上飞机。

折叠自行车

　　折叠自行车是在 19 世纪末发明的。它最早的模型是可折叠式高轮车，折叠的连接处就在整个支架的上管中间。

车手把

与普通的自行车相比较，折叠式自行车的车手把都设置得非常高，这是为了便于骑行人员更容易地拆卸车手把。这样设计的目的是尽可能地让自行车的尺寸更小。

电动自行车

那些希望拥有折叠式自行车的人，通常也希望自己不用再费力气去踩蹬脚踏板。如今，最新款的自行车轻如羽燕，而且还配备了调速器和电子助力踏板装置。

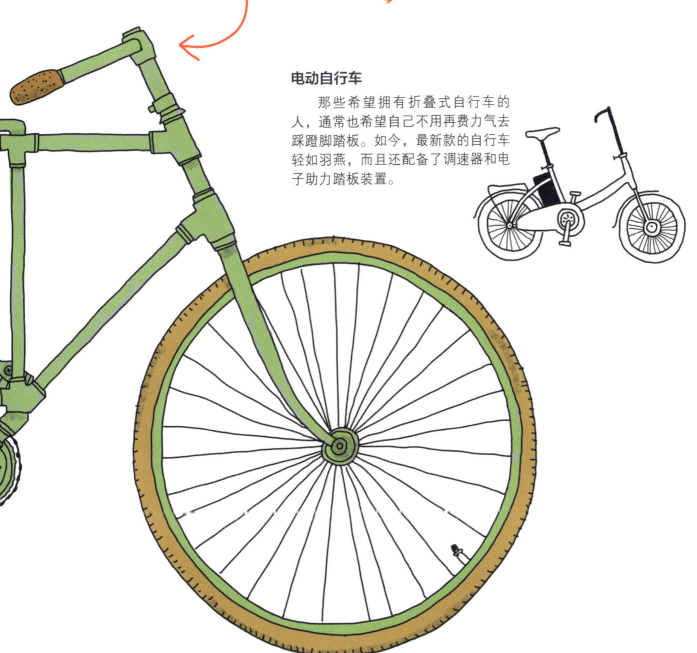

从笨重的木制品变成既轻便又可折叠的新产品

步行平衡车是典型的木制品，从轮子到车座，都是由坚固的实木材料制成的。但是，在实际使用过程中，步行平衡车的车手把很难控制、骑行的体验感较差。作为步行平衡车的迭代品，自行车采用了很多铁质金属配件：转动的两个轮子由铁皮包裹着、方向盘有弯曲的铁手把、整个车架都是由铁通管组成……铁，逐渐融入整辆自行车里，令自行车变得坚固耐用。与此同时，骑自行车的人，也必须拥有钢铁侠般坚定的意志，才能够骑着自行车在街头巷尾及田野乡道上探险。

碳

多年过后，铝和碳出现在市场上，逐渐地变成新宠并得到广泛普及。很多中小型的自行车制造商，基本保持了纯手工制造自行车的传统工艺，他们对钢和铁的使用忠贞不贰。在他们眼中，只有骑上用钢或者铁打造出来的自行车，才能够真正体会到极致刺激的骑行乐趣。职业赛车手们通常也会选择那些用碳材料制成而外涂层是铁的轻型自行车。英语中的"carbon"是指碳，它是一种高密度碳复合材料。

铁

在追求更加坚固且轻巧的自行车的研发道路上，厂商们坚持不懈地努力着。目前的自行车大多数由钛、镁及稀有金属钪等混合而成的材料制成。有关自行车的研发仍在无休止地进行着，无论是在过去、现在、还是未来，自行车始终都属于高技术含量的产品。

武器制造商转型变成自行车制造商

1875 年前后，第一辆由空心管制成车架的自行车被正式投入使用。这种自行车的重量大幅度下降，同时也变得更加易于操作，在转弯骑行时，有更好的稳定性。然而，空心管车架的制造过程并非人们想象中的那么轻而易举。当时，自行车制造商们实在找不到任何解决方法，迫不得已只能向军刀及枪支制造商们求助。那些制造军刀和枪支的工匠们，对于如何制造空心剑鞘及枪管了如指掌。果然不负众望，枪支和军刀制造商们攻克了这个难题。在武器制造商们的协助下，法国图尔市的一家名为特鲁法特（Truffalt）的制造商，成功打造出了一辆总重量只有 10 千克的自行车。在备受赞扬的同时，这个成功案例被广泛地传播开去。在相互激励的良性竞争下，武器制造商们继续精益求精地钻研，结果，越来越多的螺丝钉配饰出现在了两轮自行车及货运自行车的车身上。

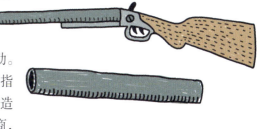

在商业利益的驱动下，武器制作商们纷纷摇身一变，转型成为自行车制造商们，军队也迅速购买了自行车作为武器装备的扩充。

军用自行车

1894 年，自行车受到广泛欢迎，甚至成了军队部署的必备装备。侦察员和信使们抛弃了马匹，转而利用自行车来完成他们的本职工作。因为自行车的优势实在是太显著了：更快速，更便捷，更安静。

英国军用自行车（1915年）

在第一次世界大战期间，医生和护士们骑着自行车能够火速赶到现场，对大量的伤亡人员进行及时的医疗救护。在比利时，人们最初使用的自行车均是从英国进口的，直到 1926 年，人们才开始拥有本国生产的自行车。

军用空降可折叠式
自行车（1942年）

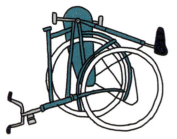

Kwikstep牌可折叠式自行车

可折叠式自行车

可折叠式自行车并不是在 1970 年、2000 年或者 2013 年才发明出来的新产品。事实上，早在 19 世纪，可折叠式高轮自行车就已经出现了。在第一次世界大战中，高级军官们发掘出可折叠式自行车的优点，并进一步弘扬光大了它的价值。信使们骑着便捷的可折叠式自行车，迅速地赶往前线，进行信息的传递及情报的收集。在第二次世界大战期间，军队为他们的空降军团配备了可折叠式自行车。那些空降伞兵们一着陆，就能马上打开可折叠式自行车，迅速跳上车，然后飞快地消失在他们要去的方向。

自 1960 年以来，可折叠式自行车迎来了最佳的发展时期。人们可以很轻松地把可折叠式自行车放进汽车后备厢里，当人们开车来到市中心之后，又可以把它取出来骑，用它替代汽车在城里安静地四处游荡。荷兰著名的自行车制造商瞪羚公司（Gazelle）率先研制出了第一辆可靠的折叠式自行车品牌 Kwikstep。自此，可折叠式自行车随处可见，任何地方都有它的印迹。

铝制的自行车

因为铝既轻便又坚固，铝制的自行车架就自然而然地取代了铁制的车架轮框。此外，铝制自行车更实惠，性价比更高。但是，铝也有一个很大的缺陷，就是它的坚韧度会随着时间而逐渐削弱，时间久了，车身通常都会产生一些细微的裂痕。

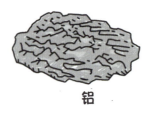

铝

铝制的自行车

铁制的自行车

铁制自行车属于年代久远的款式，它既沉重又很容易生锈。尽管如此，它在自行车的世界里占有不可或缺的地位。很多知名品牌的制造商们，对铁制自行车很不屑一顾，于是，这部分业务就转到了那些小规模的、手工作坊式的制造商手中。

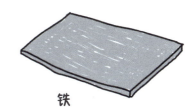

铁

碳制的自行车

碳材质非常轻又很坚固，且经久耐磨；它既不具有金属疲劳，也不会生锈。碳制自行车几乎没有任何的能量损耗，即每踩踏一下，都是为前行进行实打实的赋能。但是，它又是非常精致敏感的自行车，一旦跌倒而破损，且无法再修复的话，就会造成巨大的浪费，因为碳并不适合被回收再利用。基于这一点，不喜欢碳制自行车的人，总是诋毁它，说它是纸板车。

碳

钛制的自行车

钛是一种银灰色、闪着白光的金属，非常适合用来制造经久耐用、优雅漂亮的自行车。这种原材料的持久耐磨性及抗金属疲劳强度都非常高，并且它还不会生锈。钛制自行车比其他材料制成的自行车都要更坚固。钛质自行车的骑行舒适度非常高，它们细小的通管有极佳的抗震性能，让人在骑行时感觉不到疲劳。然而，钛质自行车也有一个最大的缺点：造价极高。尽管它的耐磨性能导致了其昂贵的整体造价，但是，在经久耐用的排行榜上，它稳居头把交椅！

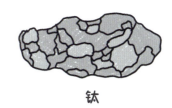

钛

铁制的自行车　　　　　　碳制的自行车

镁制的自行车

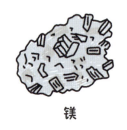

镁

原始形态的镁，其实是微微带点光、银白色的金属，它的重量要比铝轻 1/3。由此，镁这种非常轻的原材料，理所当然地成了职业自行车赛车手们的宠儿。尽管镁是可以被回收再利用的环保材料，但是它却极易破损，安全性很差。

钪制的自行车

钪属于一种稀有金属。自 1960 年以来，它就被广泛地使用。钪来自北欧的斯堪的纳维亚地区，它是由拉丁语中的 *Scandinavie* 一词演化而来。最先发现这种原料的人是瑞典的拉尔斯·弗瑞德里克·尼尔森（Lars Frederick Nilson）。钪的热熔点（1541℃）比铝（660℃）要高出数倍。自行车行业在尝试研制钪和铝的混合材质，用来制造更坚固、更轻巧的自行车。由于钪具有极高的热熔点，钪制自行车能够有效帮助骑行者疏散身体的热量。

拉尔斯·
弗瑞德里克·尼尔森
（1840—1899年）
发现了钪原料

钪

镁制的自行车

钪制的自行车

让速度变得更快

在变速传动系统（拨链器）出现以前，自行车骑行者们把后轮从自行车的叉架上摘下来，反转过来之后继续骑行。这其中的奥秘是：自行车的后轮上有左右齿轮，每个齿轮有不同的齿数。如果骑行者们想要更快的骑行速度，那就需要把后轮的齿数设置少一些；反之，如果想要用慢一点的速度骑行，则要把后轮的齿数设置多一些。这就是所谓的换挡调速。拨链器起源于法语的"rail（轨道）"和"ont-rail（卸除轨道）"，意思是切换链条。自行车骑手们在 1937 年的环法自行车锦标赛事（Tour de France）期间，首次被允许使用这种切换链条来变换速度的变速系统装置。在第二次世界大战之后，出现了右图中安装在车架底部踏板轴上的双层链轮，它令变速更加快捷。

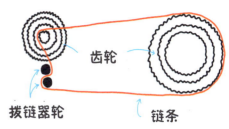

齿轮

拨链器轮　　链条

行星环绕轨道般的齿轮装置

安装在自行车后轮轮圈上的齿轮变速器，是由亨利·斯特米（Henry Sturmey）和詹姆斯·阿哲（James Archer）两人共同发明的。他们在 1902 年首次把这种轮圈齿轮变速器应用到自行车上。在车手把的右侧有一个开关装置，通过电缆线与后轮轮圈上的精密系统进行联通，从而激活了那个类似行星环绕轨道的齿轮变速装置，让它进入运作状态。该齿轮变速器设置了三个齿轮挡位。挡位三是阻力最大的挡位；挡位二适合平坦道路上的骑行；挡位一是最适合爬坡的骑行挡位，它能轻松驾驭任何坡度，爬再高的山也完全不在话下。

1902年
轮毂齿轮的发明者

亨利·斯特米

詹姆斯·阿哲

第六章
至少一个车轮

车轮

通过放在前面或者后面的装载车斗，你一眼就能识别出这是一款货运自行车。这款车与普通自行车不同，它通常有三个车轮。

车灯

依据交通法规，货运自行车必须在车头配备两个白色或者黄色的车灯，在车尾安装一盏红色车灯。货运自行车禁止安装超过三盏以上的灯，但是允许使用多个反光片。

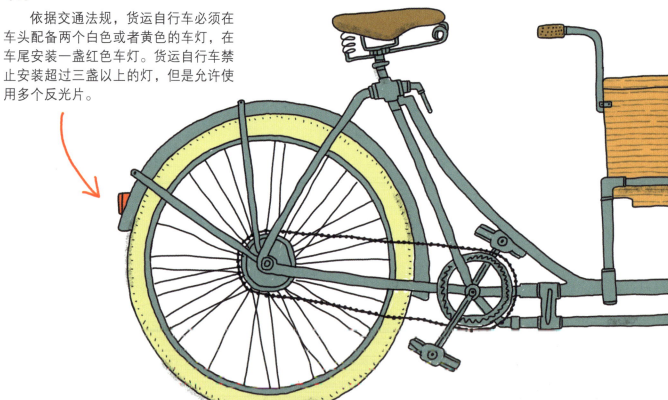

货运自行车

它是在 20 世纪初被发明的。

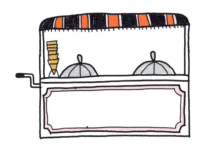

停放

　　货运自行车有一个很大的缺点：占地空间非常大。把一辆货运自行车停放好需要四个支脚或支架，懂行的人认为，只有这样，它才能够停得像房子一样稳固。

车斗

　　车斗可以装载一切物品，比如叠放的一盒盒姜饼、装着书本的箱子、放蔬菜和水果的卡板箱，甚至是一个巨大的仙人掌盆栽、一个鱼缸……甚至还可以让孩子们坐在车斗里，那就变成接送孩子们的交通工具了。

亲子自行车

　　亲子自行车，实际上是一个昵称。机动车驾驶人员通常对骑行这种车的家长们很不满意，认为他们是制造各种麻烦的马路"杀手"。正规用词应该是：父亲车斗自行车、母亲车斗自行车，甚至儿童车斗自行车。

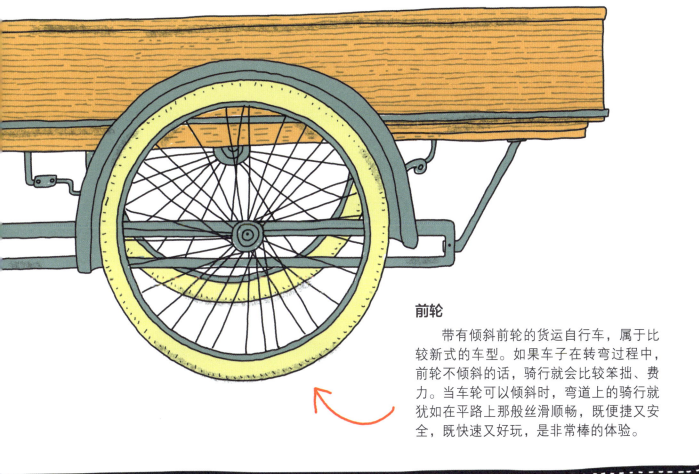

前轮

　　带有倾斜前轮的货运自行车，属于比较新式的车型。如果车子在转弯过程中，前轮不倾斜的话，骑行就会比较笨拙、费力。当车轮可以倾斜时，弯道上的骑行就犹如在平路上那般丝滑顺畅，既便捷又安全，既快速又好玩，是非常棒的体验。

坐着三轮车见识这个世界

来自德国纽伯赫市的史蒂芬·法夫乐（Stephan Farffler）在 3 岁时，不幸摔了一跤，伤得很严重，以致他无法再用双腿行走了。长大之后，他当了一名专业钟表师，他对轮子、木头、铁、骨头、铅等材料的操作及使用非常得心应手。大约在 1655 年，法夫乐给自己做了一样东西，不是时钟，而是一辆三轮自行车。要知道，无法行走的他几乎足不出户，就连住所周围附近的地方都没有去过。现在，他终于有机会骑着车去看看外面的世界了。法夫乐发明的这款三轮车，其机械构造很奇妙。他只需要很舒服地坐着，通过手和胳膊的力量来控制车手把和车轮的转动，就能行驶在路上。

没有太多人知道法夫乐制造出一辆三轮车这件事。众所周知的第一辆装备齐全的三轮车，由被誉为自行车之父的詹姆斯·斯塔利（James Starley）于 1867 年在英国的考文垂镇研制而成。斯塔利的这款三轮车，简直就像一件三角洲的艺术作品。驾驶人员的左侧是一个很大的车轮，而右侧是两个小一点的车轮。这个模型在后来又有了改进，变成蝌蚪的形状，即前面是两个大轮子，后面是一个小轮子。驾驶人员通过安装在右侧的一根操纵杆来驾驶这辆车。与前轮很大的高轮车相比，虽然它们的前轮都很大，但是三轮车的行驶非常平稳，它不会出现左右摇摆、侧翻碰撞的现象。没过多久，包括年长的老人们、小孩们、男士们、女士们在内的所有人，都对这款三轮车爱不释手，它适合所有人！

1877 年，斯塔利放弃了手拉杆和托脚板的使用，取而代之的是脚踏板与连接后轮轮轴的链条联动，带动轮子向前行驶。这项技术革新得到了公众的一致认可和高度赞誉。从此，三轮车开始了飞速的发展。到了 1879 年，市面上就已经有了 20 种不同设计的车型。又过了 5 年，三轮车的款式超过了 120 种。"哪里有轮子，哪里就有路"，英国人是这样歌颂当时的繁荣景象的。每一条道路都可通往自行车王国——考文垂，而斯塔利就是自行车王国里的顶级明星。

史蒂芬·法夫乐
（1633—1689车）

杰克逊的独轮车

三轮车的优缺点

随着时间的推移，三轮车的优点和缺点也逐渐凸显出来了。如果某个晚上，你想外出兜风的话，一辆三轮车无疑是最佳的交通工具。路面上的各种小障碍，对于行驶既平稳又快速的三轮车而言，只是小巫见大巫。相反，如果你想骑两轮自行车的话，那就必须要对凹凸不平的路况保持高度的警惕和谨慎了。无论如何，它们都仅仅是交通工具而已，骑行人员的驾驶技巧水平和经验对于行驶的平稳性至关重要。三轮车最大的缺点是它的占用空间很大，给它找个合适的位置来停放，是每个车主必须考虑的问题。

三轮自行车

轮子上的松鼠

制造一辆独轮车的念头，激发了人们无穷无尽的想象力。如果一个人可以借助两个轮子进行物理空间的移动，那是不是也可以在一个轮子上骑行呢？如此让人觉得超乎想象的车，肯定是诞生在一个聪明人的脑瓜里。居住在英国伯明翰市的杰克逊（Jackson），不是第一个想到这个点子的人，但他是栽倒在这个独轮车想法上、输得最惨烈的那个人。当时，谁也没有料到，杰克逊这个家伙居然跑到法国的地盘上，斗胆与法国的自行车制造商们一较高下。他应该不知道，早在 1869 年，法国马赛市的卢梭（Rousseau）就已经率先提出了独轮车的设想。1870年 7 月 18 日，杰克逊在巴黎凡尔赛宫花园里，开始第一次试骑他自制的独轮车，不小心把自己的膝盖摔伤了。他的儿子接替他继续完成试骑活动。这次试骑持续了半小时，骑行了 7 千米。事实证明：独轮车行驶速度快，很便捷，也相对安全可靠。一名报社记者曾报道说："杰克逊的儿子就像轮子上的一只松鼠一样，跑得飞快。"时隔不久，法国和德国之间爆发了战争，杰克逊父子俩从巴黎坐飞机仓皇逃离了法国，又回到了英国。在伯明翰市当地一家咖啡馆里，他们的独轮车沦落成了一台咖啡研磨机。

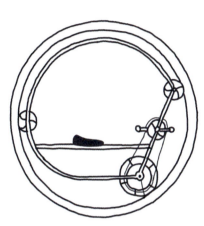

卢梭的独轮车设想

斯塔利发明的
蝌蚪型三轮车

四轮车

独轮车极限运动

独轮车和极限运动融合在一起，简直就是令人疯狂啊。山地独轮车是介于山地自行车和越障自行车（骑车跨越障碍物）之间的一项运动。独轮车越障赛，通常有专门划定的野外地形或城市某区域范围。参赛选手们从起点到终点，必须经过各种障碍关卡，既不能摔倒，又要以最快的速度到达终点。此外，街头极限运动，允许骑手自由骑行，整个过程要求骑手的注意力保持高度集中。平地竞技赛，则是参赛选手按要求在一片平地上做出高难度的空中翻滚、旋转和上翻下跳等各种技能展示。

独轮车上的单打独斗

独轮车或高轮车的骑行，本身就极具挑战性。有一种说法是，高轮车在刹车时，往往会产生一种后轮翘到半空中、类似栽跟头的感觉。由此，催生了独轮车竞技运动。它要求骑手对车轮有非常好的控制力，且能够让自己骑行的时间越久越好。在最初的竞比活动中，骑行的人坐在一个大轮子上，这个大轮子上又安装了一个小轮子，通过蹬踩小轮子给大轮子输送动力向前行驶。在某些特殊情况下，脚部蹬踩的动力被手部动力取代，就像现在的一些卧式自行车依靠手来操控车轮转动那样。直到后来，才演变为骑行人员坐在轮子上方的鞍座上进行操控（且轮子也变小了一些）。从1860年到1930年，在道路上骑独轮车并不是什么特立独行的现象。但是，还是有很多骑行人员被误以为是表演杂技的演员。自1930年以后，独轮车逐渐隐退到马戏团里，沦落为杂技表演的道具。不得不承认，那种有很高鞍座的独轮车，看上去的确很像一只长颈鹿啊。

电动的独轮车

很多年过去了，曾被冠以"有史以来最无用处的自行车"绰号的独轮车，再度成为城市街头的一道风景。尽管每个人都想掌握优雅的骑行技巧，独轮车骑行人员还是必须保证他们骑行的平稳性。毕竟独轮车既没有链条，又没有车手把和刹车，要想保持非常好的平衡和稳定性，骑行人员就必须尽可能与车达成"合而为一、人车合体"的默契。在骑独轮车时，一定要保持蹬踩连贯性，中间不要停！如今，许多独轮车都是电力驱动的。实际上，电动独轮车的前身，是源于一名英国发明家在1932年推出的第一款电动独轮车模型。无论是电动独轮车，还是其他电动自行车，均有一项最基本的要求：要想在骑行时保证安全，一定要戴好头盔！

独轮车   人力三轮车

这绝对不是笑话！

以我们现在的审美眼光来看那些三轮车的设计，会觉得它们挺滑稽好笑的：怎么看都像是马戏团里丢弃的道具，又或者是从某个残旧的自行车修理厂里捡来的破旧物品，让人忍俊不禁。

但在19世纪末，这种设计是非常新颖、独特的，它具备了引领未来发展趋势的前瞻性。

在巴黎，由埃菲尔（Eiffel）领导的工程师团队，组装了一个巨型的麦卡诺玩具模型，这个模型后来被修建成了埃菲尔铁塔。从那个时候开始，铁架桥和高架路就像蘑菇一般从地面上接二连三地冒出来。高轮车、三轮车及四轮车伴随着这座铁塔高速发展、直冲九霄。无懈可击的事实摆在人们眼前：自行车比马跑得快，也比号称"速跑健将"的美洲豹有更持久的续航。

人类真是了不起的发明家，总是能够发明出让人惊喜万分的东西。卡尔（Karl）、韦亨姆（Wilhelm）、弗瑞德瑞克（Friedrich）、海尼克（Heinich）及鲁威·欧宝（Ludwig Opel）五兄弟，联手打造出了一辆五轮车，它的速度非常快，最终成就了欧宝公司的辉煌业务。未来世界的大门已然打开。

人力三轮车，请过来！

三轮车还陆续演变出一些新的款式模型。例如，1869年，日本有一个名叫斯科比（Scobie）的美国牧师，发明出一种供租用的自行车，亦称人力三轮车。这个名字来源于日语的"jinrikisha"，"jin"是"人"，"riki"是"力量"，"Sha"是"车辆"。这种车需要借助人力拉动，司机通常坐在前面。但是，在印度尼西亚，三轮车的司机是坐在后面的，当地人称这种车为"betjak"，如果"betjak"配有马达装置，则是嘟嘟车（tuk-tuk），即三轮摩托出租车。

电动独轮车　　　　　　　　　　　　　　　　欧宝五兄弟

货运自行车及卧式自行车

　　每一款最新的自行车，均是在上一款自行车的基础上演变出来的。那些用处不大的款型，就会逐渐被淘汰出局。运气好的款型会被自行车博物馆珍藏，让它们有机会被世人们观摩和赞赏；而运气差的款型，就只能永远定格在旧照片、绘画或者卡通片里啦。只有那些与时俱进、不断精进的自行车，才能长久地生存下来。

　　现实中，也有一些自行车被尘封在漫长的时间长河里。直到有一天，它们突然被拂去落在表面上的灰尘，以崭新的面貌出现在人们眼前。毋庸置疑，它们在技术或工艺上都经过了或多或少的改良。例如，在外形上稍微改变一下，又或者涂了一层颜色艳丽的新油漆。大多数情况下，被赋予新生命的旧款自行车再度亮相时，人们几乎无法相信它们曾是老古董。

　　举个例子，货运自行车和卧式自行车都是三轮车的后代，但是，卧式自行车被遗忘在某个角落里长达几十年，直到 20 世纪末，才以不同的款型回归我们的日常生活中。所谓的低卧式自行车，是一款座位低、贴近地面的卧式公路自行车，它比两轮车的速度更快，无须挡泥板；相对应的，高卧式自行车的座位则离地面高 55～60 厘米。

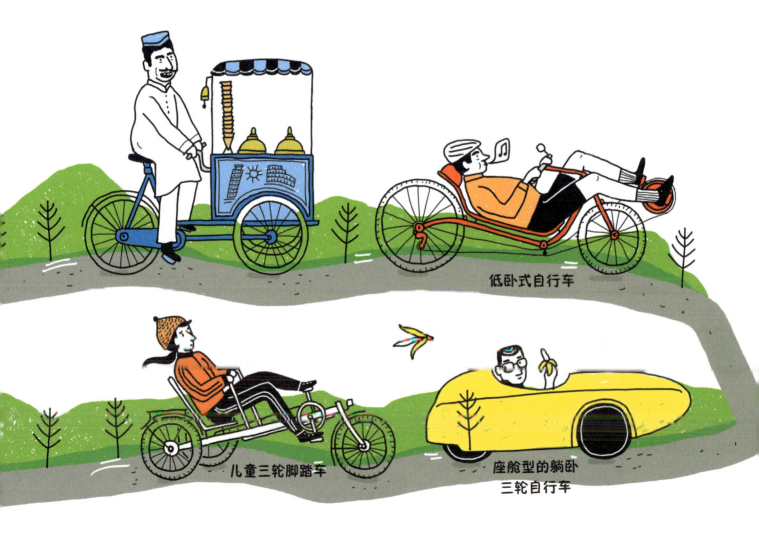

低卧式自行车

儿童三轮脚踏车

座舱型的躺卧
三轮自行车

　　三轮车有三个轮子，骑车上坡会比较轻松。韦罗汽车公司生产了一款流线型、包装很密实的全天候通用三轮车，无论是雨雾还是风雪天气，驾驶员均能保持自身不被淋湿。此外，划船式自行车通过驾驶员划动双臂带动车轮向前行驶。后视镜是卧式自行车的必备装置，没有它，极易发生交通事故。

货运自行车的发展

　　货运自行车一直在我们的身边，从未离开过。从一开始，货运自行车作为运输类型的交通工具，在整整一个多世纪的岁月里，一直活跃在交通道路上。它非常强悍，完全不惧怕任何复杂的路况。同时，它又非常便捷、灵活。不管路面有多少深浅不一的坑洼或是凸起障碍物，它都能轻松地一跃而过。曾经，货运自行车被人们嫌弃而陷入了低迷期，以至于后来，不得不通过各种改良并拼尽全力追赶，才最终没有输给摩托货运车和送货面包车。大约从 1995 年开始，货运自行车及时调整了发展方向，重新开始了它一路高歌的发展。

划船式自行车　　　　　　　　　高卧式自行车

亲子自行车

母亲或者父亲车斗自行车都有一个通用昵称：亲子自行车。家长们一边思考着要接送孩子上下学的任务，一边盘算着自己的经济状况。最终，车头前面放置着一个能装得下小孩的车斗、被称为"亲子自行车"的交通工具，为他们提供了一个最佳解决方案。使用该款式自行车的家长们通常都比较年轻，属于现代都市人，他们紧扣时代发展的脉搏，有环保意识，有良好的经济能力，接受过高等教育。

骑货运自行车的人们，毫不在乎其他人的闲言杂语，他们骑着这种车，穿行在通往学校、办公室，甚至去超市和便利店的路上，像一只只自由飞翔的鸟儿。车斗自行车实际是一种三轮的交通工具，跟两轮货运自行车一样，车头前面有个大箱子。它可以完好地装载面包、蔬菜和食品，送到顾客家中。冰激凌雪糕车则不同，它是载着雪糕四处转悠着寻找顾客，但也深受老少的喜爱。这类自行车的骑行者，通过安装在箱子下面的一个连接杆来控制车子的行驶。在大城市里，货运自行车作为运输工具，越来越多地发挥出它的重要作用。在 7.5 千米以内的行驶半径中，机动车没有任何优势可言。然而，即便是在交通拥堵的路段，货运自行车也能够穿行自如，而且还很环保无污染。货运自行车的再度复兴，很大程度上还要归功于它所具备的接送儿童的功能。亲子自行车的车主们在车上度过他们很大一部分的人生时光，他们甚至打趣地说，想要用这种车接送十几岁大的子女呢。那些油漆罐、高高的植物盆栽及宠物狗们，统统都得为孩子们让位。

货运自行车

电动式货运自行车

货运自行车之都

围绕着自行车出现了许多新词汇。许多包括荷兰权威的 *Van Dale* 大辞典在内的专业字典书籍，均正式收录了"亲子自行车""货运自行车"等词组，字典变得更加厚重了。2014 年，荷兰官方报纸《民众报》在头版头条的位置还对这个词做了专门介绍。今天，在不同语境中，这个词都被频繁使用。"货运自行车之都"是指一个城市，其大多数常住人口拥有高等教育水平，他们不仅年纪轻、有经济实力，而且拥有很强的环保理念，此外，他们通常均已组建了家庭并有子女。

货运自行车统治一个城市

现实中，客观存在着对货运自行车的依赖和需求。不久的将来，那些轻型货运机动车将会在城市的交通系统中消失。现代的自行车制造商们生产制造的电动货运自行车非常坚固、灵活，它们不仅可以承载 250 千克的重量，而且在直角转弯处或者在狭长曲折的小路上，也能行驶平稳，不会发生侧翻摔倒的事故。当越来越多的交通运输公司开始意识到货运成本越来越高时，这种创新又环保的自行车货运工具引起了他们浓厚的兴趣。在最后 1.5 千米的运送途中，货运机动车通常要面临狭窄的小巷、单向限行的街道，造成行驶中的诸多不便，浪费了许多宝贵时间，还增加了劳动力成本及发生交通事故的风险。更糟糕的是，找到合适的停车位也变得越来越困难了。这一切，都意味着更多的时间消耗。企业家和骑行人员的心里都很清楚——时间就是金钱！

人力三轮车2.0版

入水的自行车

自行车无处不在，它可以在水里，也可以在空中，毫无疑问，它肯定也可以在陆地上。据有关资料记载，2000 多年以前，中国就已经出现了脚踏轮桨船，那个时候的中国人，就已经把脚踏轮桨船作为交通工具了。

而在西方国家，直到 19 世纪末，脚踏轮桨船才出现。意大利的发明家恩里科·弗拉尼尼（Enrico Forlanini）当之无愧地获得此项发明的殊荣。他在位于意大利和瑞士边境的马焦雷湖的水面上，展示了一辆融合了脚蹬自行车和脚踏轮桨船的创新机器。

最初的脚踏轮桨自行车，看上去很像脚踏船，它的原理跟雷达船一样，即通过脚在踏板上的蹬踩动力，带动艉轮绕圈转动。当脚踏板令轮桨飞速地转动时，轮桨自行车的行驶速度就开始提升。脚踏轮桨船总是给人一种复古的感觉，让人情不自禁地联想到某个阳光灿烂的周末，在湖光山色间、碧波荡漾中的那种慵懒的休闲度假模式。你知道"半骑行半飞行"的水翼电动自行车吗？那可是非常炫酷的新产品，流线型的水翼自行车，看上去更像一部多功能健身自行车。它由马达驱动，时速可高达 20 千米。无论是拆卸还是组装，都非常简单。这款自行车适用于所有湖泊、河流和海洋。

脚踏轮桨自行车

水翼电动自行车

保罗·麦克里迪
设计的空中自行车

飞行自行车

空中自行车

空中自行车

自行车让一切变得皆有可能。例如，在空中骑自行车。有些人认为，想在天空中骑自行车是绝对不可能的事。但是，美国的航空工程师保罗·麦克里迪（Paul B. Mac-Cready）成功制作出了第一辆空中自行车。1979 年 6 月 12 日，飞行员驾驶着这辆车，成功试飞并跨越了宽度 35 千米的英吉利海峡，飞行时长仅 3 小时 10 分钟。荷兰在 2009 年 8 月 9 日也制造出其第一辆空中自行车，在北布拉班特省的当地进行了试飞。可惜，链条在试飞过程中突然断裂，导致整辆车升空没多久，就坠落失败了。

在空中骑行自行车，是一件难以置信的事情。首先，"骑行"是一个动词，"骑行在空中"就像是在做梦。嗯，没有比在空中骑自行车更美妙的事情了。

你还可以倒挂式地在空中骑自行车，只需双腿进行画圈式踩蹬即可。既可以一个人又可以多个人一层一层叠加在一起骑行，这些完全具备可操作性。

第七章

适合所有人的
安全自行车

车轮

安全自行车的一项基本条件是前后车轮的尺寸大小最好保持一致性，因为自行车的重心越低，骑行就会越平稳。

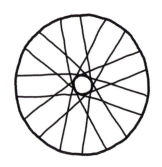

辐条

英国发明家约翰·坎普·斯塔利（John Kemp Starley）把辐条从轮轴到轮辋成对地交叉排列，从而令车轮有了更好的稳定性，并可以承受更多的重量。

罗孚安全自行车

这款车于 1884 年被研制发明，但并不是指所有发明都来自罗孚公司。"安全自行车"这个概念涵盖了不同时期所发明的不同部件经过组合而产生联动效应，最终成为一辆安全自行车。

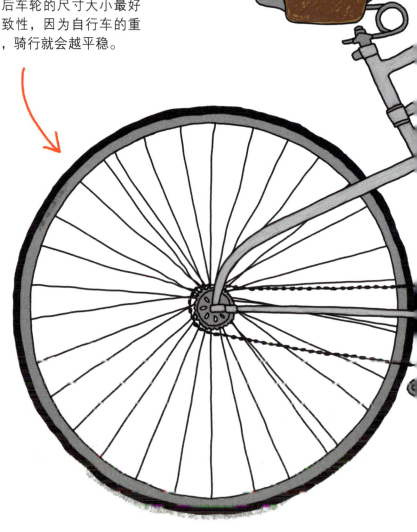

车架

　　如果发明家斯塔利并没有研制出安全自行车来替代危险的高轮车的话,我们等待安全自行车出现的时间可能还会更久。斯塔利发明的倒置钻石形状的车架,宣告自行车从此变得安全了。

铃铛

　　用来发出警示信号的车铃挂件,并不是指电话铃声响。如果你需要打电话沟通,那你得等到晚些时候了,我现在没空,还有很多的自行车工作需要处理呢。

车灯

　　怎么没有人想到过要给自行车安装一盏灯呢?在那个街上还没有出现路灯的年代,每个人都最好赶在天黑之前回到家。

安全自行车出现啦！

英国的考文垂小镇，并不是英国最美的地方，更谈不上是世界范围内风景秀丽的地方之一。在这个小镇里，有一座古老的大教堂，它的尖顶高耸入云。镇上还有很多工业化建筑，到处都是被煤烟熏过的外砖墙。煤炭的气味几乎要令人窒息，而随处可见的裂缝和破洞透着真实的贫穷。与伯明翰和诺丁汉一样，考文垂镇住着很多轮匠、锁匠、铁匠。整个机械制造业里，从事高轮车、脚踏三轮车及四轮车的专业人才，都聚集在这三个城镇。

凭借卓越（Premier）、斯威特（Swift）、罗孚（Rover）、莱利（Riley）、汉堡（Humber）、辛格（Singer）及凯旋（Triumph）这些知名品牌，考文垂成为世界领先的自行车之都。在那些充斥着浓烈油味和铁气的加工厂及作坊里，工匠师傅们从早到晚，孜孜不倦地对自行车进行着各种细微的工艺调整和改良。

出身于一个园艺师家庭的约翰·坎普·斯塔利是个发明家。他敏锐地洞察到，仅仅在车的细枝末节上进行微调，对车的整体驾驶性能不会产生根本性的改变。改良的关键在于，需要对车进行自下而上的彻底颠覆。1880年，他回到"步行机器"这个原点上，开始重新设计。在考文垂大教堂的后面，他把两个差不多大的轮子放置在一个由三个三角形组成的车架上。前面的三角形角尖垂直向下，前轮卡在叉架上；中间的三角形平放着，向上的角正好顶在鞍座底部；而后面的三角形用齿卡住后轮。整架车的结构看上去像一颗被无限放大的钻石。在中间的三角形的最底部，斯塔利焊接了脚踏板，他把右踏板连接在带有轮齿的圆片上，在后轮右侧的轮轴上放置了一个小齿轮。接着，他用一条链子沿着前齿轮和后齿轮绕了一大圈，并固定下来。基于这样的设置，骑行人员坐得比较低，他的重心与整架车的重心重合了。如此一来，保证了骑行人员在日常骑行中所必需的安全稳定性。

很显然，斯塔利并不是第一个制造出安全自行车的人，但是，他触觉敏锐、擅长集思广益。毫无疑问，在自行车这个专项领域里，他是取得很大成就的发明家。他设计的这款别出心裁的安全自行车，引起了广泛关注。它比以往的任何一辆自行车都要轻，且更坚固、性能更稳定。它的成本并不高，操作简单，适合任何一个人。最重要的是，它非常安全。安全自行车车架的设计独具匠心，可以说这辆车是现代自行车的"开山鼻祖"，它的许多先进的设计理念，让自行车从此踏上了一条创新之路。斯塔利完全有资格称自己为"自行车的灵魂之父"，又或者是"自行车的框架之父"。

严禁上路

在 1820 年的米兰、纽约、伦敦及加尔各答等大都市，当地政府严禁"步行机器"在街上出现。他们认为"步行机器"是一个巨大的安全隐患，会对道路上的行人和其他车辆驾驶人员造成很多危害。同样，高轮车也面临被禁行的厄运，尽管它已经得到广泛的普及并且像新鲜出炉的面包那般受人追捧，然而，由它引发的交通事故还是数不胜数。

何其有幸，斯塔利设计的安全自行车及时出现了，这在很大程度上降低了交通事故的发生。话虽如此，对于许多高轮车的车主和车迷们而言，让他们跟高轮车挥手告别，实在是一件伤心欲绝的事啊！

全新的自行车

最新款的公路自行车有一个倾斜的横杆，因此被称为"倾斜模型"。鞍座连着座杆，高高地竖立在座位横管的上面，真是太神奇了！这种极具现代感的公路自行车与 1880 年的安全自行车十分相像，说不定，以前的那些自行车制造商先辈们，早就已经预料到了今天这个局面呢。有一句俗语叫作：风水轮流转。车轮是圆的，自行车的历史也是圆的，于是，历史重演了！

无人替代的男神

1904 年，斯塔利突然去世了，年仅 46 岁。在他的葬礼当天，考文垂小镇上的所有自行车维修店铺都闭门歇业了。两万人来到他最后安息的墓地，陪伴他、哀悼他。他设计的自行车，经历过两次世界大战都没有被摧毁。他设计的自行车，见证了这个世界上多次的革命运动、宗教起义、地震、海啸、火山喷发、王室登基和退位等重大历史事件。即便是至高无上的皇室轿车遇见他，也会停下来为他让路。

让人心碎的过渡

从高轮车过渡到安全自行车，并非一帆风顺，它比许多自行车骑行人员和制造厂商预想的还要复杂得多。虽然高轮车的缺点多于优点，但在粉丝们的眼中，它的技术独创性及骑行时所展现出来的那种诗歌般的优雅，让它成为一件艺术珍品。出于安全驾驶的考虑而对高轮车实施禁令，感觉就像是把从小陪伴我们一起长大的手足拒之门外，谁会舍得呢？高轮车曾赢得许多人的芳心，也带给许多人心潮澎湃的难忘经历。对于这些，安全自行车的制造商们是绝不会懂的。既然有相同尺寸的两个轮子的自行车可以保证更高的安全性，为什么还要去骑危险的高轮车呢？最终，高轮车的拥护者们，不得不选择放手。

从自行车到汽车

　　斯塔利既是一个聪明的发明家，又是一个精明的商人。1896 年，他召集了身边一些能工巧匠和有钱的自行车骑手，组建了罗孚自行车公司。该公司后来成为考文垂镇里最大的自行车制造商。罗孚牌安全自行车就是在这里诞生，并传播到世界各地的。

罗孚汽车

　　19 世纪末，车轮工、铁匠、锁匠的作坊和加工厂陷入经济困境、引发了失业潮。蓬勃发展的罗孚公司为了扭转当时经济的困顿局势，摇身一变，成了汽车制造商。考文垂镇也顺理成章地从"世界自行车之都"，变成英国汽车制造业的"首都"。

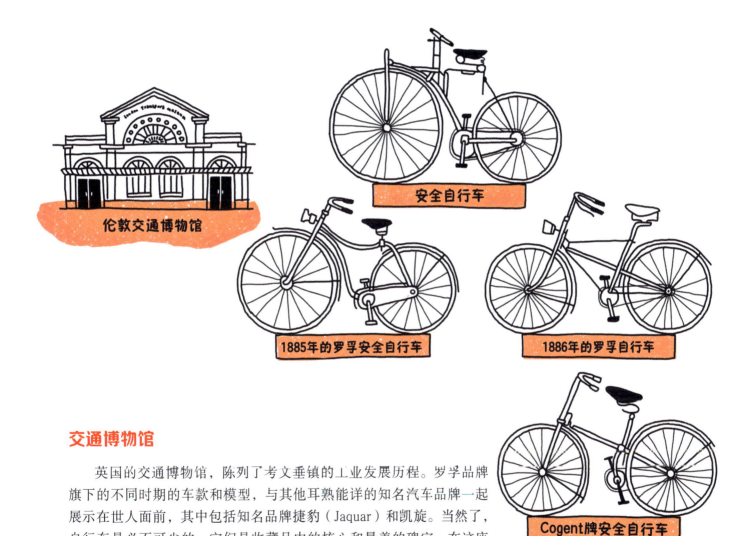

伦敦交通博物馆

安全自行车

1885年的罗孚安全自行车

1886年的罗孚自行车

Cogent牌安全自行车

交通博物馆

　　英国的交通博物馆，陈列了考文垂镇的工业发展历程。罗孚品牌旗下的不同时期的车款和模型，与其他耳熟能详的知名汽车品牌一起展示在世人面前，其中包括知名品牌捷豹（Jaquar）和凯旋。当然了，自行车是必不可少的，它们是收藏品中的核心和最美的瑰宝。在这座交通博物馆里，你还会看到曾经让伦敦变成危险城市的、闻名世界的黑色出租车。

被遗忘的开拓者们

自行车是成百上千个发明家集体智慧的结晶。总有一些聪明的想法，能够让自行车变得与众不同；也总有一些另类的念头，让自行车焕然一新。现实中，有些天才本应该得到公众赞赏却默默无闻，反而让某些很爱出风头的人轻率地抢走了属于他人的成就和荣耀。例如，来自法国马赛市的卢梭（Rousseau）就没有得到他应有的成就。1877年，他展示了他的速尔（Sur）牌自行车，这是一辆普通的高轮车，特别之处在于，它的前轮直径是90厘米。与那些巨大无比的高轮车的前轮相比，90厘米毫不起眼。但是，他的设计引起了某些专业人士的关注。这款速尔牌高轮车，在前轮的轮毂和前叉上，使用了具有不同

希尔曼赫伯库珀的袋鼠牌高轮车

护链盒

齿数的链轮。经过测试，卢梭证实了：前轮比较小的自行车能够相对安全又高速地行驶。英国考文垂镇的希尔曼赫伯库珀公司（Hillman Herbert and Cooper）对这款速尔牌高轮车的外观进行了比较大的修改。1884年，在英国科文特花园举办的年度自行车展览会上，该公司向公众展示了外形经过修改的速尔牌高轮车型，还以一个全新的品牌名称"袋鼠牌"命名，没想到，居然收获了广泛好评。可怜的卢梭则逐渐被人们遗忘了。

自行车征服世界

随着安全自行车的出现，骑自行车这种生活方式以暴风骤雨般的气势开始席卷整个世界。就好比在纸巾上滴了一滴墨水，它迅速化开，漫延至整个欧洲。拥有一辆自行车是多么酷啊！风在骑行者的耳边呼呼地掠过，随着踏板轻快地上下转动，可以享受完全自由的畅爽感觉。女士们也为此欢呼雀跃，终于等来一辆适合她们的安全自行车啦！

　　法国、德国及英国，纷纷拜倒在自行车的脚下。其他国家也陆续加入自行车大流。荷兰的表现尤其出众，因此获得"自行车王国"的美誉。1901年，每38个荷兰人就有一人有自行车，而到了1930年，则是平均2.5个荷兰人就有一人有自行车。对此，专家学者们分析认为，因为荷兰是一个年轻的国家，它迫切地需要有一个国家的身份象征。自行车恰好是最完美的工具，从而满足了这个需求。也有学者指出，骑自行车这种生活方式，非常适合居住在欧洲北部地区的人们。从比利时到丹麦，自行车迅速占领并扩充着它的地盘。如此强劲的气势，很大程度上要归功于欧洲北部地区温和的海洋性气候和平坦的地势。如果想要在意大利南部，头顶烈日地在群山峻岭中骑自行车，那几乎是不可能的事情！在城镇的街道上骑车，感觉会更好些。迎着丝丝微风，轻快地踩着脚踏板，顺着河涌和运河一路骑下去，期间再跨越几座河道上的拱桥，多么惬意啊！欧洲北部犹如桌球台布一样平坦的地势，对于自行车的普及有非常大的促进作用。在欧洲南部，那些需要翻越比利牛斯山，去镇上买一个面包的当地居民，肯定不会骑自行车去。还有其他的学者们分析认为，道路的整体状况是决定能否骑自行车的主要因素。荷兰、德国、丹麦这些国家从一开始就很重视自行车骑行人员的安全问题，并在道路建设中，付出了很大力度的资金投入及相关的管理辅助措施。

　　在英国，情况则截然不同，自行车制造加工厂的商人们纷纷急不可待地转行去制造汽车。要知道，汽车不怕风吹雨打，哪怕面对最高的山峰，它也能够通过四个轮子的护航，在油门的推动下轻松地翻越，从而把那些自行车骑行者远远地抛在好几千米之外。

在美国，自行车也同样得到了顺利的发展。可是，当汽车出现之后，情况发生了扭转。骑着自行车往返于住所与工作地点的人们，开始遭受各种鄙视的目光。昔日那些骑行在路上、被视为上层阶级的贵族们，如今竟然也沦落为柏油马路上底层的穷苦人啦。但也不尽然。对于那些骑自行车是为了享受愉快消遣的人们而言，沿着美丽的加利福尼亚州西海岸、俄勒冈州、华盛顿州及内陆中部地区一路骑行，四处兜兜风，绝对是一件快乐而有意义的事。在美国，自行车骑行活动是为游客定制的节目，而自行车在很大程度上，是专为有钱的冒险家们提供的工具。

在意大利，骑自行车是一种爱国主义行为。这个国家有着丰富的历史和文化遗产。贵族们购置自行车，然后成群结队地从米兰出发，骑行到罗马，或者从图灵骑到佛罗伦萨。各地村落的村民们，在屋顶上插上旗帜，欢迎途经这里的骑行者们，甚至还大摆宴席，为所有前来参加活动的人们供应丰盛而美味的餐饮。光辉荣耀在酒中缓缓流淌，山水美景在杯中熠熠生辉。"伟大的意大利万岁！"，这样的欢呼声，绝对不是无中生有。自行车与意大利山水景观的搭配，可能是整个欧洲最完美的组合。

自行车的"盗窃者"们

各色各样的自行车"盗窃者"们，无处不在，最臭名昭著的自行车"盗窃者"们，当属荷兰人。他们先是把安全自行车从英国引进国内，然后按照原样，制造出一模一样的复制品。他们对车的设计不做丝毫改动，车架仍然是非常漂亮的黑色钻石结构。

自行车的车手把向后扭转，形状像弯曲的牛角。随着时间的推移，自行车还换上了各种颜色，犹如返老还童般地被注入了新鲜活力。在自行车维修店铺里，一切对自行车的翻新和改装，都是围绕着车主们自己的意愿而进行。店家也会适时地提出一些建议，并通过免费小饰品来进行各种促销活动。尽管如此，在荷兰，自行车还是保留着它一成不变的模样，改头换面的翻新是不会发生的。而在英国，每一个人都已忘记最初的自行车款式是什么样的。不知不觉中，始终如一的英式安全自行车，成为典型的荷兰自行车款式，荷兰成了自行车王国的第一名。

勃格（Burgers）是自行车最古老的品牌

1869年，在荷兰的代芬特尔市，一个叫亨利克斯·勃格（Henricus Burgers）的马车工匠师买来了一辆木制的脚踏三轮车，他在作坊里非常开心地骑了好几圈。1896年，他创办的勃格公司（首家荷兰自行车公司）生产了2500辆自行车。1920年底，勃格公司生产出了举世闻名的一款勃格牌自行车，这是一款车架由别名为"男子汉"的两条支撑管组成的自行车。

自勃格公司成立以来，不管有没有采取过激进措施，也不管是否参与过文化传播活动，勃格品牌已然根深蒂固地成为荷兰文化不可或缺的一部分。与荷兰著名的豪达奶酪、阿姆斯特丹的郁金香、莱顿的水杯、荷兰著名的童话故事集、伦勃朗油画《夜巡》、画家凡·高及风车等这些标志性的人和事物相比，勃格牌自行车显得非常具有荷兰特色。

荷兰的第一辆自行车

查理·勃斯万（Charles Boissevain）既是一名记者同时又是自行车的狂热爱好者，他坦言："我可能是1867—1868年，最先买高轮车的荷兰人之一。我当时是在伦敦选购的。当我骑着它从码头的轮船上下来的时候，海关人员无比惊讶地揉着眼睛仔细查看。他们显然从来没有见过高轮车，感觉它就像来自外星球的机器。我骑着高轮车穿行在鹿特丹市时，还引起了一片喧哗，我还觉得挺骄傲的呢。直到后来，有人向我扔了一颗菜花，刚好砸到我的车后轮上，这场有趣的围观才告一段落。"

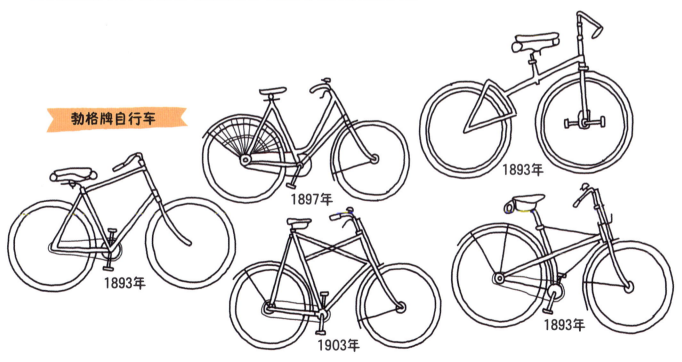

勃格牌自行车

1893年

1897年

1893年

1903年

1893年

第八章

骑自行车的女性

辐条

　　辐条是双人自行车中最脆弱的部件。当两个体重比较沉的人同时坐在车上时，辐条有可能会崩裂。因此，双人自行车通常会设计比较宽的车轮辋，且每个轮子有 48 根辐条。

双人自行车

　　大约在 1885 年发明，并从 1887 年开始流行使用。

对骑行者友好

新款的双人自行车看上去既优雅又漂亮。它具有非常高的灵活性和可操作性。就算是身体有残疾的人士，也可以在邻座骑行人员的陪同下骑行。

不同款式

双人自行车以不同凡响的款式设计，出现在街头巷尾。甚至还出现了一种可以让骑车的两个人一前一后坐在两个巨大的轮子中间的款式。

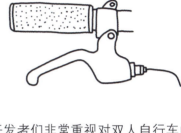

刹车

开发者们非常重视对双人自行车的刹车装置的技术处理。尤其是在下坡时，由于两个人踩蹬脚踏板带来的双重动力和重力的影响，双人自行车的速度会非常快。一旦发生事故，整架车摔个大跟头，那后座上的人就会发生危险。

对女性友好

从 19 世纪末开始，女士们可以毫不犹豫地跳上双人自行车，然后飞驶离去。女性们也可以自由结伴去骑车啦。

女性的"自由机器"

在 19 世纪的比利时、德国及荷兰，骑自行车的女性数量很少，几乎没有。但在法国，情况会相对好一些。毕竟，这个国家是自行车的发源地，所有法国人都引以为傲。一直到了 1890 年前后，在英国，鲜有女性骑自行车的现象才出现改观。安全自行车的出现令骑行不再那么危险，此外，上下自行车的操作也变得更轻松简单化了。那些为了争取女性的选举权和男女平等权利而持续斗争的女性们，立即抓住方向盘、跳上自行车，通过骑车来表达她们的诉求：解除男性对女性的统治，废止那些针对女性的诸多不公平的社会待遇和歧视。

她们还给自行车起了个新名字：完美的"自由机器"。她们可以选择从任意一侧上车开始骑行，然后向左转或向右转，也可以选择骑去乡村、小镇或大城市。反正，就是再也不需要依赖他人的指引或者搭载援助了。自行车开拓了女性的视野，让她们的生活和思想更加自由和奔放。美国女作家苏珊·安东尼（Susan B. Anthony）在 1900 年写道："我认为，自行车对女性解放的重要意义，超越了世界上的一切事物。"除了那些自以为是的人，没有人会驳斥她这个观点。

苏珊·安东尼
（1820—1906年）
女权主义者

自由如飞燕

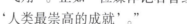

对于骑车的女性而言，安全自行车意味着自由解放。自从有了安全自行车，女性们不再依赖他人的陪同了，也不再需要费力地去爬上一辆高轮车。她们变得完全自由了，在这个"完美的交通工具"上，像飞燕一般地自由"飞翔"。正如一位媒体记者曾经描写的那样："自由是'人类最崇高的成就'。"

对女性友好的自平衡双轮车

1879 年出现的奥托牌自平衡双轮车，是一款非常特别的自行车。它有两个与众不同的轮子：直径 125 厘米，并不是与骑行人员一前一后呈直线排列，而是在骑行人员的左右两侧并排放置。这款双轮车，是由一位名叫爱多尔德·卡尔·弗瑞德瑞克·奥托（Edouard Carl Friedrick Otto）的德裔英国发明家潜心研制而成。这位发明家对高轮车有着无以言表的恐惧，于是，他就想研制一辆适合每个人的自行车。

驾驶这辆自平衡双轮车的人，可以坐在鞍座上，通过控制拉杆来行驶和刹车。想要左转时，就拉一下左边的刹车杆；要右转时，就拉一下右边的刹车杆。自平衡双轮车这样的独立运作机制，是因为它两边的轮子互不干扰、各司其职。

在还没有安全自行车之前，自平衡双轮车是最适合女性的自行车。"它行驶非常平稳，就算行驶的道路崎岖不平，路面上有各种坑洼或者大小碎石，驾驶人员也不会感觉到很颠簸。它的速度也很快，男女老少都适合驾驶。"奥托作为设计工程师在向公众介绍这款车型时，如此说道。

1880 年，位于英国伊普斯威奇镇的一家自行车加工厂生产出 210 辆自平衡双轮车，它累计生产了 1000 辆，之后就停产了。这段独特的自平衡双轮车历史就像一个美丽的童话故事一样，就此终结了。

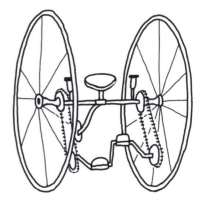

爱多尔德·卡尔·
弗瑞德瑞克·奥托
（1812—1885年）
自平衡双轮车的设计师

中央自平衡双轮车

安全自行车

灯笼裤 →

阿梅利亚·布卢姆
（1818—1894年）
女权主义者

灯笼裤

要想骑上自行车，女士们必须脱掉她们的衬裙或者圆环裙托。美国记者阿梅利亚·布卢姆（Amelia Bloomer）是女权运动的狂热倡导者，她以身示范，做出表率。当她穿着一条具有东方地域色彩的宽松灯笼裤，出现在公众面前时，所有人都惊呆了。她还为这身打扮增添了另一道风采，即在裤子外面又罩了一条裙子。其他骑车的女性纷纷效仿，穿起了长裤、灯笼裤，还用丝带把裤脚扎起来。灯笼裤成了当时的时尚趋势。

双人自行车

1887年前后，双人自行车很受大众欢迎。其中，有一款双人自行车，堪称"打败天下无敌手"，在各种比赛中摘得一个又一个桂冠。这款双人自行车来自英国萨里镇，它的设计制造者是一名叫史密斯（Smith）的牧师。在骑行过程中，两个骑行者既可以互相对视，又可以由坐在后座的人来主导驾驶。

"社交功能"型双人自行车，是由两辆安全自行车通过横杆连接而成的。骑行者们可以并排一起骑行。

大部分情况下，那种一前一后的双人自行车上，坐在前座的是掌舵的"队长"，坐在后座的就是"助手"。这些双人自行车款式均获得很多好评。人们不再担心一个人单枪匹马地去骑车了。通过两个人的共同施力，车速能够迅速提升。就算坐在后座的人不想蹬脚踏板了，坐在前座的"队长"也可以独自驾驶。

"社交功能"
型双人自行车

"助手"

"队长"

双人自行车

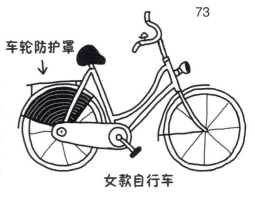

车轮防护罩

女款自行车

双人自行车的聊侃

新一代的双人自行车既优雅又温馨，漂亮得让人"羡慕嫉妒恨"啊。它可以承载两个成年人，又或者是一个大人和一个孩子。且远不止这些，它也能搭载200千克以内的各种包裹和行李物品。这种车轻便又富有运动感，坐在后座的人不必总是盯着前座的后背，视野非常开阔，此外，如果不是因为被周围的美丽风景迷住而忘记了说话，两人可以一路上滔滔不绝地聊侃。

对女性友好的改良措施

自行车维修店总是想方设法地为女性骑行人员提供服务，从而进一步扩大销售市场。第一个调整措施是摘除了车架上端的横杆，为了维持整个车架的牵制平衡力，他们安装了一个向下弯曲的管杆，也就是说，穿着裙子也能轻而易举地骑自行车啦；在第二个调整措施中，车手把的位置被调高了，女士们能够自然地保持背部挺直，坐姿端正；第三个调整措施是为女士们提供了一个更宽的车座。

随着年龄的增长，越来越多上了年纪的人开始倾向使用女款自行车，最主要的原因是上下车非常轻松。毕竟，随着年岁的增长，人们的腿脚开始变得不太灵活了，无法一下子跨过横梁坐到座位上去。此外，如果能够迅速地下车，则能避免发生一些意外事故。为了说服更多年长者们购买安全性能高的女款自行车，自行车制造商在做营销推广时，把这种车包装成"长者尊享自行车"。吸引客户也是一种艺术，市场营销人员总是喜欢通过反复炒作产品进行持续性地推销。

车轮防护罩

为了让穿裙子的女性也可以骑自行车，自行车制造商们想出一个办法，在后轮安装了一个防护罩，如此一来，打消了谨慎小心的女性们的顾虑。由油布或塑料材料制成的防护罩，可以防止裙子或者外套的边角被卷进旋转中的后轮。随着女士们的裙子款式越来越多，后轮防护罩的款式也变得多样化。尽管有很长一段时期，配有防护罩的自行车并不受欢迎。但是，近几年来，它们以一种时尚风格再度回归到人们的视野中。

骑行服饰套装

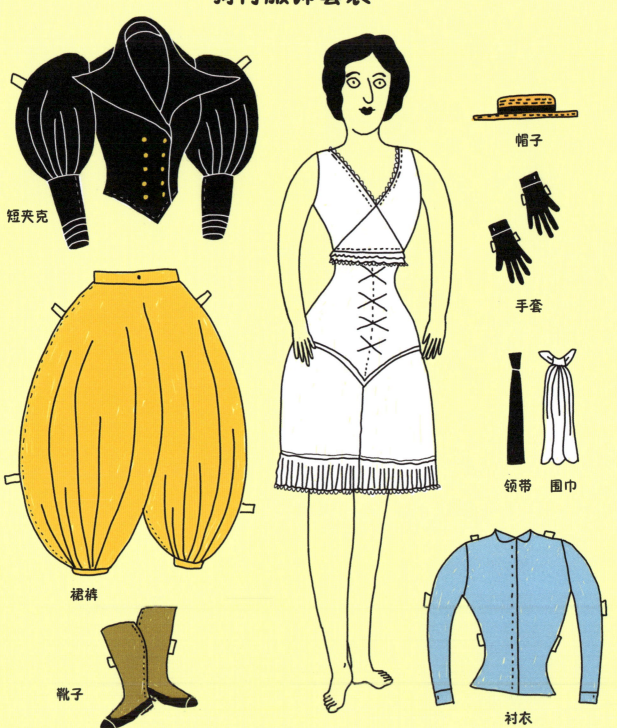

短夹克

裙裤

靴子

帽子

手套

领带　围巾

衬衣

着装时髦的骑行者

　　随着越来越多的女性开始热衷于自行车的骑行活动，她们对于骑行服装的需求也越来越强烈。1883年，一些自行车骑行者在海牙创立了荷兰最大的自行车协会——荷兰皇家旅游俱乐部（英文缩写为"ANWB"）。这个俱乐部有着招蜂引蝶般的强大吸引力，迅速网罗了很多会员。女性会员坚持她们的权益，要求俱乐部为她们提供更漂亮、更让人赏心悦目的骑行服装。ANWB在认真听取了女性会员们的诉求之后，写信给巴黎的一家时尚机构，请求他们为女性骑行者们设计一款既实用又时尚的服装。这家时尚机构，艺高胆大地承接并完成了这个项目，他们把剪裁和制作的服装设计方案，分批次、定期地提交给ANWB。然后，ANWB把这些服装剪裁的图案，免费刊登在会员杂志上。于是，所有女性骑行者们照着图示进行服装的剪裁和缝制。常规的女式骑行套装包括：一件泡泡袖的短夹克和一条长及膝盖的裙裤……它们都是深受喜爱的畅销品。

1883年ANWB品牌的骑行服

2020年ANWB品牌的骑行服

起跑线上的女性们

在最初的公路自行车赛上，确实出现过 3 名女骑手。1868 年 11 月 1 日，阿米丽（Amelie）、菲奈特（Finette）和露斯塔（Rosita）三姐妹参加了公路自行车赛事。姐妹三人均没有透露她们的家族姓氏。正如两年后，在巴黎—鲁昂的环法自行车赛上，再次发生了类似事件，来自莫斯科的阿玛瑞卡小姐（Miss America）和奥尔格小姐（Miss Olga），也没有公开她们的真正身份。

名噪一时的荣誉

艾尔维拉·德布鲁恩（Elvira De Bruyn）的传奇经历，足以拍成一部电影。她曾是一位出色的自行车职业赛手。因为第一届正式的自行车世界锦标赛在 1958 年才开始举办，她在 1934 年和 1936 年被非官方地加冕为女子世界公路自行车赛的冠军。在比赛中，艾尔维拉遥遥领先地进入了前三名。后来，她改名为维利姆·玛瑞斯（Willem Marius）。自此以后，维利姆再也没有赢取过任何奖项。之后的比赛中，她经常是车队里一名毫不起眼的跟随者。后来，她绝望地终止了赛事生涯。再后来，她与一位名叫可兰蒙缇·约合特斯（Clementine Juchters）的自行车骑手结婚了。在比利时布鲁塞尔市的火车北站附近，他们开了一家咖啡酒吧。最后，她穷困潦倒地死去，没有任何光环和奖牌，有的只是曾经名噪一时的荣誉。

维多利亚尼·凡努菲尔
（Victorine Van Nuffel）

1959 年，维多利亚尼·凡努菲尔成了第一个赢得比利时女子公路自行车公开赛的冠军。她骑车的速度像炮弹一样迅猛。她是一位愿意为自行车奉献一生的自行车狂热爱好者。在自行车国际骑行领域里，她是代表人物。值得一提的是，她的成功也许与个人成长环境有关联，她的父亲经营了一家自行车商铺。

起点

艾尔维拉·德布鲁恩

英尼可·凡艾垦

第一个女性世界自行车赛冠军

来自卢森堡的艾尔丝·雅蔻博斯（Elsy Jacobs）是第一个官方承认的世界自行车赛女冠军。她在 1958 年的法国兰斯市的自行车赛事中，以比其他 29 名竞赛选手快了 3 分钟的成绩，摘得桂冠。同年，她的骑行速度刷新了每小时 41.347 千米的纪录。这项纪录保留了 14 年之久。自 2012 年开始，以她的姓名命名的、一种为期 3 天的自行车赛事成立了——卢森堡埃尔西·雅各布斯女子自行车比赛。在该赛事中，荷兰籍的玛丽安·沃斯（Mariane Vos）是三连胜冠军纪录保持者。

曲折的道路

女子自行车赛手的地位最终被认可，就像女子足球运动员一样，是一条漫长而曲折的道路。直到近些年，当女子比赛项目在广播和电视上进行直播时，解说员才终于意识到这一重大变化的意义所在。然而，这条通往成功的道路，仍然需要很多的努力。譬如说，女解说员非常难找到，就算拿着放大镜去找，也很难找出几个。因为在当时，女解说员的薪资比同行男解说员低很多。

英尼可·凡艾恩（Ineke Vanljken）

1959 年 6 月 23 日，在荷兰奥森德雷赫特市举办了第一场女子自行车比赛。卢森堡的埃尔西·雅各布斯（Elsy Jacobs）打败了比利时的维克多瑞尼·凡努菲尔（Victorine Van Nuffel），获得桂冠。直到 1965 年，荷兰才有了官方的第一届女子公路自行车比赛，来自赞德福特市的英尼可·凡艾恩获得冠军，她当场喜极而泣。

穿着裙子的恶魔

阿芳希娜·斯特拉达（Alfonina Strada）参加了第 36 届男子自行车公开赛，成为有史以来第一个隐瞒真实身份而参加 GIRO 环意自行车赛的女选手，她有一个绰号——"穿着裙子的恶魔"。

一开始，她遭受了各种尖酸刻薄的谩骂和人身侮辱。更糟糕的是，这场环意大赛困难重重，厄运接踵而来。天气变化无常，时而下雨，时而雷鸣闪电，时而下起雪来。所有人都一口咬定是可恶的斯特拉达带来的厄运。男选手们个个都咬紧牙关作战，必须坚持完成总共 12 段赛程 3613 千米的骑行里程。斯特拉达毫不畏惧地坚持比赛，在第 8 段赛程中，她不小心把车手把摔坏了，但是，一名农妇帮忙拿了一条扫帚杆，把她的车手把固定好了。

随着斯特拉达骑行的里程数越来越高，人们对她的钦佩之情也随之逐渐高涨。最终，她完成了比赛，比冠军朱塞佩·安瑞奇（Giuseppe Enrici）多用了 28 个小时而已。

迄今，她是唯一一位在公路自行车赛中与男选手们同台竞技的女选手。在接下来第二年的赛事里，因为她的参赛，其他男选手们纷纷退赛，因为观众们都去关注她了，而且她获得的奖金总额超过了其他获胜人员的总和。男选手们普遍认为，她得到的好处实在太多了。

爱尼米克·凡威劳顿
（2017年）

安娜·范德布雷根
（2018年）

玛丽安娜·佛思
（2006、2012、2013年）

苏珊妮·柳恩格斯科格
（2002、2003年）

尼可·凡丹布鲁克
（1973年）

莱昂蒂安·范莫萨尔
（1993、1991年）

伊冯妮·莱因德斯
（1959、1961、1963、1966年）

珍妮·隆戈
（1985、1986、1987、
1989、1995年）

　　后来，斯特拉达放弃了自行车赛事的职业生涯，转行当了一名马戏团的特技演员。在舞台表演中，她在高空做空中翻筋斗的特技。基于如此高难度动作的完美完成，她获得了一个新绰号——袋鼠女郎。

　　斯特拉达的自行车与意大利自行车冠军巴特利（Bartali）和默瑟（Moser）及不幸在一场事故中丧生的选手法比奥·卡萨泰利（Fabio Casartelli）他们三人的自行车，并排摆放在意大利科莫湖区希萨洛镇的一座小教堂里，成为许多自行车骑手们前往朝拜的地方。多么戏剧化的人生啊！那个昔日"穿着裙子的恶魔"，成了自行车骑行史上的传奇人物！

女子环行赛事

　　首届女子环法公路自行车赛始于1984年。当时的美国选手玛丽安·马汀（Mary-Ann Martin）骑行速度最快。5年之后，一切又回到了原点：主办方拒绝女选手参赛，认为她们给赛事的广告宣传工作带来了诸多不便。后来，虽然偶尔又组织了几次女子赛事，但是，这个女子体育项目还是夭折了。对于女子赛事，赞助商没兴趣做任何的投资，当地城市和执政党派们也没有举办赛事的热情，报刊媒体更是毫不关注……这是多么令人遗憾的事啊！

第九章

享受更多的骑行乐趣

行李架

　　在城市休闲自行车中，最经济实惠的一款车，是没有行李架的。通常，车主们会在车后放置一个架子（通常用一条捆绑物品的松紧带来进行固定），又或者在车头前面放个篮子（偶尔里面还有一束让人赏心悦目的花）。

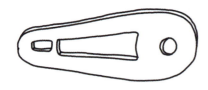

链条盒

　　最具典型荷兰风格的城市休闲车，通常都有一个封闭式的链条盒。这个贴心的设计，可以有效防止链条机油弄脏骑行人员的裤脚。

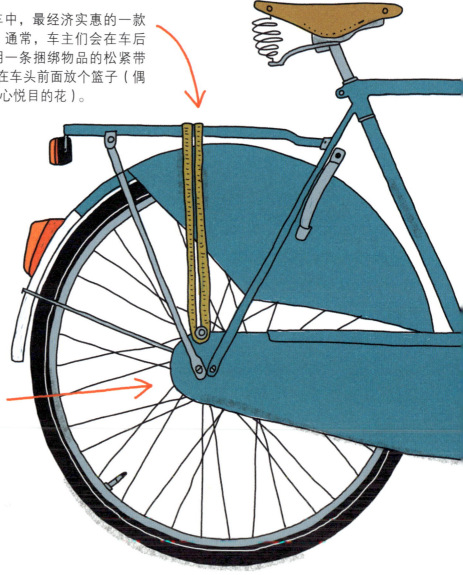

城市休闲自行车

　　大约在 1896 年被发明或得到改良。

车手把

城市休闲自行车的车手把通常比较高，由笔直的支杆以及呈80°角的把柄组成。骑行时，骑行人员均可以保持背部直立的坐姿。

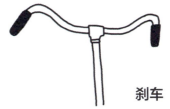

刹车

那种无刹车器的设计，并不适用于城市休闲自行车。它的运作原理是反方向蹬踩脚踏板，以此来进行刹车（法国人称这种骑行方式为"鱼雷"）。

车框架

一辆真正的、未改装过的、毫无缺点的城市休闲自行车，是具有传统特色和荷兰风格的，堪称祖辈级的自行车。这种说法源于它古朴的外形设计。但是，可别忘了，传统的荷兰自行车其实是源自英国的传统设计。

车轮胎

那种有清晰突起或凹陷齿痕的轮胎，同样也不适合城市休闲自行车。毕竟，它不是山地自行车。

充气轮胎及其他创新

在碎石路上，骑着有铁轮或者硬橡胶轮的自行车，会带来超乎你想象的颠簸体验。它会让你的脊梁骨和膝关节疼痛不已，整个人上下晃荡，你的耳膜也会被震痛。毫无疑问，必须尽快对车轮进行改良了。

舒适的车座，意味着自行车改良技术上的一大进步。充气轮胎的发明，让所有人如释重负。1845 年，苏格兰发明家罗伯特·威廉·汤普森率先提出这个想法，并把充气轮胎安装在马车上进行实验，他试驾行驶了 1500 多千米，坐在车里的人们对整个过程表示非常的满意。充气式轮胎的成功并不是一蹴而就的。爱尔兰兽医约翰·博伊德·邓禄普（John Boyd Dunlop），从汤普森的自来水钢笔的发明中获得了灵感，在 1888 年发明了有活塞阀门的可充气式轮胎。这项发明的背后还有一段有趣的故事呢。据说，邓禄普的儿子患有严重的头痛病，骑不了让人颠簸的硬轮自行车。为了帮儿子解决这个难题，邓禄普才想出了使用可充气轮胎的办法。邓禄普虽然不是第一个发明充气式轮胎的人，但他绝对是第一个将充气式轮胎改良的专家。

约翰·
博伊德·邓禄普
（1840—1921年）
发明有活塞阀门的
可充气式轮胎

罗伯特·
威廉·汤普森
（1822—1873年）
发明充气轮胎

汤普森和自来水钢笔

罗伯特·威廉·汤普森并非平庸之辈，他在 1849 年发明了自来水钢笔。数年后，路易斯·华特曼（Lewis Waterman）让钢笔名扬天下，抢走了本该属于汤普森的荣耀。汤普森的运气真是糟透了。

来自亚马孙的乳汁

在 19 世纪中期的欧洲，橡胶是一种鲜有人知的新兴原料。在亚马孙热带雨林，发明家们目睹了当地原住民如何在树干外皮上切割并收集橡胶乳。嗅觉敏锐的商人们，开始做这种乳胶新原料的进口买卖生意。他们宣传这种带有黏性特质的乳液有很多工业应用价值。但是，这种原料也有缺点：在低温环境中，会裂变破碎，而在高温中，会发生熔化现象。美国的查尔斯·固特异（Charles Goodyear）是一名化学工程师，他把硫黄添加进橡胶乳里，从而解决了上述的问题。随之，他名扬四海，收获了无穷的荣耀和财富。

橡胶

查尔斯·固特异
（1800—1860年）

石轮

木轮

带充气轮胎的车轮

带可充气式橡胶
轮胎的车轮

法国的米其林（Michelin）兄弟把橡胶乳技术应用到了航空业及汽车制造业。橡胶种植园跟棉花种植园一样，都是建立在劳工的辛勤劳作之上，而所有人对此都是睁一只眼闭一只眼的态度。

轮胎修补用品

自行车骑行人员不愿意看到钉子、玻璃、碎片、图钉等东西，因为这些东西会把轮胎扎破，导致轮胎漏气，严重影响骑行。那些记性好又时刻保持高度警惕的骑行人员，通常都会给自己提前准备一瓶轮胎修补剂。的确，在骑行过程中，随时随地都有可能爆胎，尤其是在人们最没有防备的时刻。轮胎修补用品最初的名字来源于法语词根"solutie"，意思是"解决方法"。然而，近年来，又出现了一种新产品：防扎轮胎，这种轮胎具有防爆、防漏特性。对于那些生产补胎剂的厂商们来说，这种新产品，简直是要切断他们的财路啊。真是让人啼笑皆非！

打开那个阀门

邓禄普使用一个连接到阀门的气泵给轮胎充气。在这个阀门上有一个凸起的小圆帽，使用者可以拧开或者合上它。

气阀门

打气筒和踢足球

自行车打气筒来源于足球运动。1870 年，橡胶制成的球出现了，球在滚动过程中，会出现漏气变瘪的现象，需要频繁地给球充气。

轮胎的厚度

轮胎的厚度远比许多自行车骑手想象的还要重要。在竞争激烈的速度比赛项目中，输赢往往取决于一个轮胎的厚度。

粘胶贴

胶水

轮胎撬棒

磨砂纸

阀管

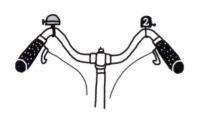

"叮"还是"哔"?

车铃必须在 20 米外能被听到。大多数车铃发出"叮叮"声,也有一些车铃发出"哔哔"声,其强度为 140 分贝,可以与汽车收音机播放出的最高音量,或者 50 米外准备起飞的飞机的启动声音相媲美,是目前最大音量的车铃声。

适合右利手的自行车

很显然,自行车是为右利手骑行者们制造的。链条在车身右侧运行,这样人在上车时,便于甩动右腿以跨上车座。如果链条在车身左侧,你的裤子或长裙就容易沾上油。此外,右利手骑行者的右腿也更有力量,有了右腿的助力,自行车可以迅速脱离停滞状态,开始行驶。

齿轮放在车手把的右侧,这是为了更方便右利手骑行者们的使用。问题来了,为什么铃铛却放在车手把的左侧呢?最初的那些自行车都配置了喇叭,安装在车手把的左侧,能发出嘶哑的声音。试想一下,如果需要右利手骑行者用右手去操作铃铛的话,就意味着车手把的控制要由笨拙的左手去完成,这可不是左手立即能够学会且掌握好的技能。因此,把铃铛放在左侧,仍然是对右利手骑行者们最贴心的设计。那些左利手骑行者们怎么办呢?没办法,他们只好靠自己去摸索去适应了。

步骤:

车坐垫

围绕自行车有很多的边缘产业，聪明的人们总是忙于各种微小细节的伟大发明创造，从而令自行车变得越来越好。很多时候，机缘巧合就能助成功一臂之力。

约翰·布鲁克斯（John Brooks）是一名专注于生产皮具和马鞍配件的商人。他曾眼睁睁地看着他的马摔倒在地并死去，为此，他带着伤痛发誓以后再也不骑马了。取而代之的，是他买了一辆创世纪的交通工具——脚踏车。他试骑之后，感觉浑身上下像要散架似的难受。如果抛却身体的颠簸之苦，他觉得骑自行车的整体感觉还是挺奇妙的。

1878 年，是布鲁克斯的皮具和马鞍配件公司成立的第 12 个年头。这一年，布鲁克斯成功制造出第一个自行车坐垫，它让所有骑自行车的人倍感欣慰。这款坐垫在市场上大受欢迎，销量飙升。它不仅畅销整个欧洲，还远销到了缅甸及非洲东部地区。到了 1935 年，坐垫的产量已经高达 160 万个，而 1955 年，每周的产能就高达 5.5 万个。在最辉煌鼎盛时期，他们的生产线上约有 1.5 万名工人，就像旋转的陀螺一样，时刻不停地作业。

约翰·布鲁克斯
（1846—1921年）
皮革自行车坐垫的设计师

布鲁克斯牌车坐垫

皮革坐垫

一直以来，布鲁克斯牌坐垫都保持着非常优秀的高品质。在诸多布鲁克斯系列经典产品中，B17 型号坐垫堪称旗舰产品。这款坐垫不但非常舒服，而且经久耐用。

该公司还曾经用鳄鱼皮来制作过坐垫，成本是牛皮坐垫的一半。他们不仅生产适用于赛车的坐垫，还生产裙式车坐垫，即一种专门为女士而研制的、前面没有凸出尖头的坐垫。与所有传统马鞍一样，布鲁克斯的皮革车坐垫也是需要定期上油打蜡进行保养的。

布鲁克斯的遗产

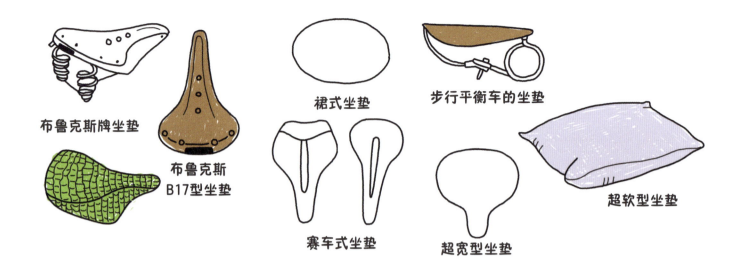

布鲁克斯牌坐垫

布鲁克斯
B17型坐垫

裙式坐垫

步行平衡车的坐垫

赛车式坐垫

超宽型坐垫

超软型坐垫

嗷！坐得屁股疼

曾经有数以百万计的自行车骑行人员，就车座引起的屁股疼痛进行过各种投诉和抱怨，令许多鞍座制造商伤透了脑筋。还有可能找到其他的解决办法吗？骑行人员的裤子会被车座磨破，与此同时，又不得不把自身的全部重量都放在如此小的车座上。自行车制造商们做了无数次试验，尝试了各种形状的车座设计和不同材料质地，试图找到一个有效的解决方案，来缓解骑车人士们的疼痛感。最新的研究发现，车座上的泡沫橡胶垫或者凝胶垫所放置的位置正好对应着人体的坐骨点，而那里恰恰是疼痛的主要触点。凝胶是类似布丁糊状的物质，它的缺点是会产生热能，会让骑行人员的胯部敏感部位温度过高。经过验证，泡沫橡胶垫也不是好的替代材料。目前，最新的研究成果是水车座，这也许是最有效的方案吧！它跟水床的设计理念是一样的。

转向杆的球珠

那些小小的铁或者不锈钢质地的球珠，是令自行车实现完美骑行最精华的设计。如果没有它们，车手把和前轮的前叉会产生很强烈的摩擦接触。最初的设计是有瑕疵的，车手把通过方向杆直接连接到车轮上，这会导致车身转弯时非常僵硬，容易让人摔倒。可能是某个聪明人某天睡醒起来，脑子里突然冒出这么一个伟大的想法："如果在车手把支杆和叉杆之间设计一个头套式零件，里面是沾着润滑油的球珠，是不是就能让车手把在转动方向时更轻便、顺畅，犹如一只扇动翅膀的蝴蝶呢？"那些球珠正是解决问题的关键。如此微小的调整设计，带来意想不到的巨大效应，这与一只蝴蝶扇动翅膀引发一场海啸的"蝴蝶效应"理论一样。

车手把

头碗组

前叉

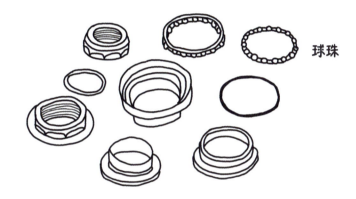

球珠

转动的链条

自行车的历史是由一连串的故事组成的。1877 年，被誉为"自行车之父"的斯塔利尝试把链条安装在前面和后面的链轮齿上的时候，他压根就没有想到，这个技术改良，在自行车的发展历史上是里程碑式的进步。骑行人员不再需要坐在前轮的顶端，只要通过中间轴承把动力传输给后轮从而带动后轮向前驱动的方式，就可以让骑行变得更容易、更快、更安全。尽管骑车上坡仍然有点费劲，但是与早期的自行车相比，一切忽然间变得容易起来了。同样，在下坡时，骑车的人也可以更好地通过蹬踏脚踏板来控制刹车。

链条需要润滑剂来保持顺畅地转动，并且需要时不时地拧紧加固一下。橡胶轮带是相对比较新的产品，这种胶带的最大优点是它不需要任何维护和保养，而缺点是它的弹性会随着时间的推移而逐渐失效。

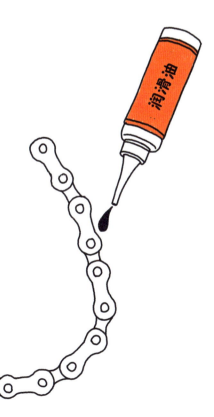

润滑油

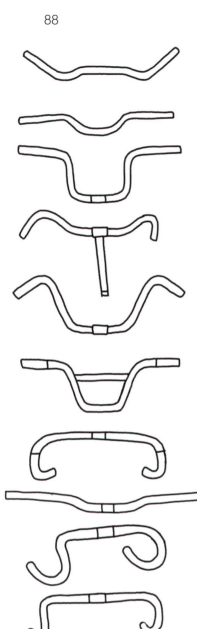

五花八门的车手把

　　没有车手把，简直就不可能实现自行车的骑行。英文中"steer"是掌舵的意思，源于日耳曼语的"stake"，"a stake"是指"驾驶和掌舵的人或者一种行为"。威尼斯的贡多拉游船的船夫，以擅长掌舵而闻名于世。

　　车手把的款式多到数不清，你甚至得花上数小时来逐一试个遍。如果把自行车的发展历程比拟为人类的生命曲线图，那么，在自行车发展的初期，车手把的设计仅仅是一根简单的横杆。现在，车手把有各种大曲线或者细节处理非常精致的不同款式。山地越野自行车的横杆车把，就非常像自行车发展初期的款式；倾斜式车手把或者空气动力车手把可以让骑行人员把胳膊肘放在上面。骑行人员的视线几乎与握着斩波车手把的双手齐平；折叠自行车也有高车手把；公路自行车有一个向下弯曲的车手把，目的是减小风的阻力……

　　车手把不能离车座太远，否则，会导致肩部、背部和颈部出现问题。车手把的设计灵感层出不穷，就连野生动物也纷纷跑来"献计"，于是，出现了牛头角款式、蝴蝶款式……

自行车各部件名称图
（现代款）

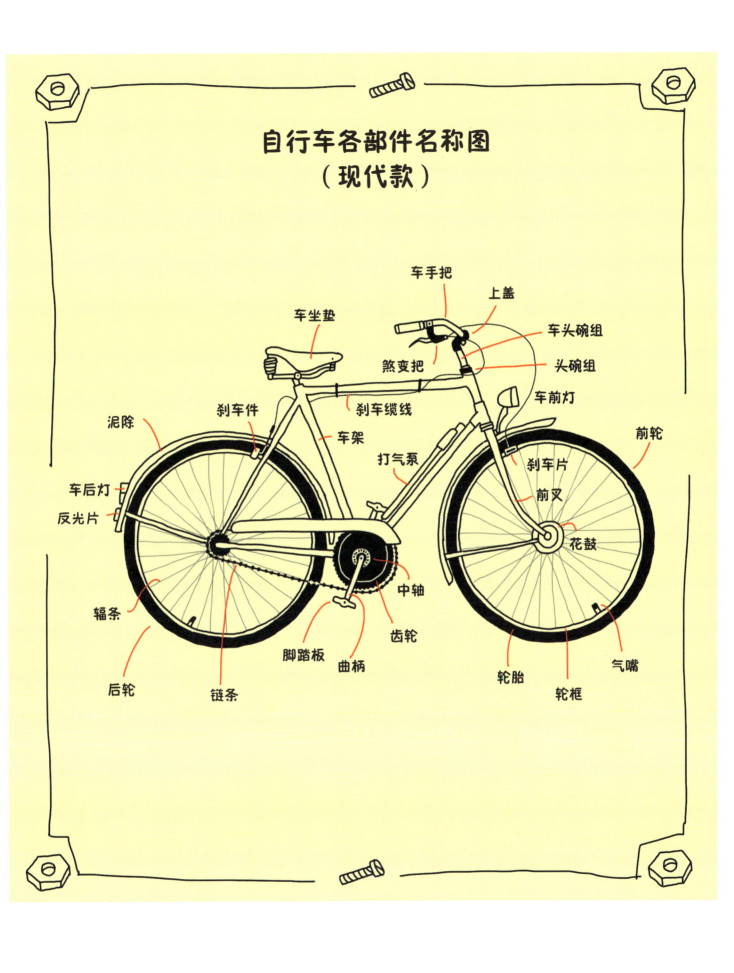

车手把

上盖

车坐垫

车头碗组

煞变把

头碗组

车前灯

刹车件

刹车缆线

前轮

泥除

车架

车后灯

打气泵

刹车片

反光片

前叉

花鼓

中轴

辐条

齿轮

后轮

链条

脚踏板

曲柄

轮胎

气嘴

轮框

第十章

追求最快速度

车坐垫

竞赛自行车的坐垫通常都是又窄又长的，还带点尖头。有时候，坐垫中间会有一条长长的凹槽。以前，参赛选手们会在背心式短裤里多垫一层棉花垫，以此来抵消坐垫导致的臀部肌肉疼痛。

刹车夹

感觉颇有点不可思议，但是千真万确！最新的研究发现，前轮刹车比后轮刹车更安全，因为后轮刹车会出现打滑现象。无论如何，都要多做技巧练习。

重量

国际自行车联盟建议参加赛事的自行车必须保证重量在 6.8 千克以上。于是，机械工程师们开始在自行车上添加一些铁片，以确保自行车符合参赛资格。有些公路自行车的前轮有 670 克重，后轮有 860 克重。

竞赛自行车

由法国的米修父子于 1874 年发明制造。

车手把

　　竞赛自行车的辨识度极高，从骑手的体态姿势就能一目了然：骑手向前倾，俯下身去尽量靠近弯曲的车手把，以此来使速度更快。毕竟，这是在与时间赛跑啊！

刹车

　　很多骑手倾向于选择那种带有油压驱动的碟式刹车系统的自行车。有这种刹车制动系统的自行车，在容易打滑的路面上，也能表现出非常高的稳定性。

车架

　　早期的车架是用铁做的，非常重。现代的车架大多由轻巧的材料制成，诸如钛、铝、碳、镁、钪等。

饥饿感和纯净水

对于普通骑行人员及职业赛骑手们来说，产生饥饿感是正常现象。骑手们在竞赛正式开始或骑行之前，会吃很多高热量的食物，例如土豆、蔬菜、肉类、果汁，以及奶油蛋糕等甜点。骑手们通常会在骑行前先把肚子填饱。在最初的 20—30 千米的骑行中，吃饱了的骑手们不得不一边让肠胃系统进行消化运作，一边大口喘息着消耗体能。随着双腿渐渐疲累，饱食后的倦意慢慢袭来，他们在路上时起时伏地挣扎着继续骑行。直到熬过了 50 千米之后，他们再次获得了能量，开始重新发力。到了中午，所有的食物都已经被消化，骑手们的肚子开始饿得咕咕叫。他们可以继续坚持骑行，直到实在抵挡不住饥饿了，才会停歇下来，去吃点东西。他们急切地冲进餐馆或者杂货店，要么饱食一顿丰盛大餐，要么吃很多的蛋糕和巧克力，以此来给身体补充能量。不过，这种进食方式对他们最后的冲刺阶段没有任何的帮助。

在第一次世界大战结束之后，法国的佩利斯尔（Pelissier）兄弟采用了一个比较聪明的方法。弗兰塞斯（Francis）、亨瑞（Henri）和查尔斯（Charles）在简单吃完一顿早餐之后，就开始骑行。在骑行的途中，他们会停下来在餐馆吃顿简餐，及时地给自己补充能量。除了随身携带的食物袋，他们还在自行车架上挂上了铝制的便当盒和饮水瓶，在那个年代，这些物品都是骑自行车的新颖装备。当大多数骑行人员要么把酒撒在食物上，要么喝加了糖的波特酒和啤酒来帮助自己解渴、提神的时候，佩利斯尔三兄弟只喝纯净水！

佩利斯尔三兄弟

但是，也有一个例外，是一个名叫吉诺·巴塔利（Gino Bartali）的意大利自行车骑手。他有很多绰号：沉默者、虔诚者、神秘人、僧侣……巴塔利曾经荣获 2 次环法赛的冠军和 3 次环意赛的冠军。用他自己的话来说，他所获得的成就，并不是因为喝了纯净水，而是装在水瓶里的神圣之水！

最快和最慢

在配备了劳夫"步行机器"的人和马之间，就已经展开过一场有关"力量的较量"（详见第 17 页）。"步行机器"骑手之间的第一场正式比赛，是 1868 年 5 月 31 日在巴黎附近举行的。比赛场上，一旦骑手们的脚离开地面，他们相互之间针对肌肉力量、速度和灵活度的较量就开启了。

比赛持续了两天，分两个赛程进行。第一天的赛程是 1200 米，意大利的保罗思尼（Polocini）用了 2 分半摘得桂冠。当天，保罗思尼穿着他的礼服来参赛，因为几乎所有上流社会的权贵人士都会来现场观摩，所以，所有人都盛装打扮地出席在比赛现场。第二天的赛程，由詹姆斯·莫尔（James Moore）获得冠军，他同样也穿了漂亮的礼服。

拿破仑三世是自行车的狂热支持者，他把金色奖牌别在领带上方。这场比赛之后，保罗思尼再也没有任何建树。相反，美国人莫尔从此开启了他辉煌的自行车竞赛职业生涯。莫尔被公认是第一个职业自行车赛手。

此外，一个名叫杜鲁瑟（Durruthy）的家伙，非常努力地让所有竞争对手超越自己约 50 米的距离。原来，这场比赛是比谁骑得最慢。

巴黎圣克卢国家公园

拿破仑三世

詹姆斯·莫尔

保罗思尼

自行车赛场

高手云集的自行车赛场

自行车俱乐部里那些腿脚强壮的骑手们总想找机会互相切磋一番。在 19 世纪末 20 世纪初，自行车制造商、骑行俱乐部及自行车骑行爱好者们，联合创建了专为客户和会员提供训练及举办竞技比赛用的自行车赛场。比利时曾一度拥有超过 208 条自行车赛道。随着时间的流逝，许多自行车赛道已经不复存在。但是，它们的名字至今保留在街头巷尾的路牌上。在比利时的博姆、贝尔凯姆、海尔、布鲁日、伊珀尔、埃弗海姆等城镇中，以赛车场地命名的街道随处可见。

比赛场地的最初构想，来自比利时的奥斯坦德镇，该镇正好位于一家赛马俱乐部的旁边。在那里，有奢华的私密看台、皇家宫廷式包厢，以及丰盛美味的自助餐，吸引了当时上流社会的许多绅士和淑女们。毕竟，他们有大把的钱财去消费和享受生活。

夏季赛道和冬季赛道

夏季赛场的赛道，长度为 225—550 米；冬季赛场的部分或者全部赛道会被遮盖起来，只留出约 250 米长的赛道。椭圆形设计的赛场，由混凝土、水泥或木头制成。大多数竞赛骑手们，更喜欢那种由落叶松或固亚树制成的赛道，因为在这种木制赛道上，他们可以骑得更快。法国的鲁贝场馆是混凝土场地，作为经典的巴黎-鲁贝赛事的最后一站，它是目前最有名的赛场。呈弧线形的赛道正好是 500 米（微差 25 厘米），正好符合最激动人心的冠军冲刺赛。然而，这个长度远不足以容纳那些与冠军失之交臂的骑手们的所有痛苦、懊恼和遗憾。

有关自行车竞赛的禁令

由于第一次世界大战的爆发，阻碍了自行车赛场的蓬勃发展。德国占领军们禁止了所有自行车竞赛活动。于是，比利时骑手们悄悄地跑去了荷兰，在那里继续参加自行车比赛。

与此同时，比利时的自行车爱好者们，掀起抵制禁令的抗议运动，迫使德国人解除了自行车赛事禁令。可惜，禁令造成的巨大损失已无法挽回，许多赛事组织机构因无法维持生计而破产倒闭。

战争的苦难加上日趋严重的贫困，给了自行车赛事活动致命的一击。当时，由于煤炭资源短缺，比利时人把赛道上的木头拆卸下来扔进火炉里烧。那些年轻力壮的年轻人们，一个个被征入伍、奔赴前线，消失在烽火硝烟中，再也没有归家。同样，一去不复返的，还有那些赛场。故事就此告一段落。

欧洲最大的自行车赛场

第一次世界大战的爆发，迫使成千上万的比利时人背井离乡来到邻国荷兰。在荷兰的哈尔德韦克镇，有一个收容了 1.5 万名士兵的集中营。为了打发时间，这些士兵们自发地组织了一些体育比赛作为消遣。1917 年，他们竟然只用了 2 周的时间，就建成了一座赛车场馆，它是当时欧洲最大规模的场馆。

整个赛场的赛道长 400 米。荷兰人蜂拥而至，前来看个究竟，他们一边仔细打量着那些赛道上的竞赛骑手们，一边学习自行车赛事和场馆的运作机制。

借由比利时人的到来，哈尔德韦克镇的当地居民们开了一家薯条店，这是荷兰境内的第一家薯条店。场馆竞赛和薯条，永远都是最佳的搭配组合。

逆时针方向骑行

赛道上，骑手们是按逆时针方向骑行而不是顺时针方向骑行。因为向左转速度更快，骑行更流畅，操作更容易。

环法赛

第一次公路自行车比赛

　　200 名实力不相上下的骑手，参加了自行车历史上第一场真正意义上的公路自行车赛。发令枪于 1869 年在巴黎打响。据说，比赛的终点大约在起点的 123 千米以外，也有些人说，实际终点是离巴黎约 135 千米远的鲁昂市。这场比赛的选手中，隐藏着两名女骑手、数名马戏团演员及多个乔装打扮过的贵族人士。还有一些骑着三轮车的选手。在这场比赛中，美国的詹姆斯·莫尔以 10 小时 30 分钟的成绩，夺取了冠军席位。比第一名慢了 12 分钟，位居第二名的是阿玛瑞卡小姐（Miss America），紧跟其后的是来自莫斯科的奥尔格小姐（Miss Olga）。一个星期之后，最后一名骑手才抵达终点线。没有人关注最后一名，也没有人知道他的真实姓名。

阿尔伯托·康塔多

雅克·恩奎蒂尔

克里斯·弗鲁姆

马克·卡文迪什

文森佐·尼巴利

费利斯·吉蒙迪

自行车巡回大环赛

　　自行车巡回大环赛有三种：环法赛、环意赛和环西赛。环法赛始创于 1903 年，作为自行车环行赛事的开创始祖，它已然成为三大环赛中最负盛名的赛事。

　　环意赛最早可以追溯到 1909 年，在每年春季举办。与夏季巡回赛相比，春季巡回赛的难度和挑战更大。

　　环西赛始于 1935 年，通常在夏末（即 8 月底 9 月初）举行，它在三大环赛中资历最浅。比利时选手古斯塔夫·德鲁尔（Gustaf Deloor）是这个赛事第一届和第二届的冠军得主。他并没有因此获得一件红色球衣，而是获得了一件金黄色的球衣。环西赛的第一件红色球衣，可以追溯到 2010 年，当时穿上它的是来自英属殖民地——马恩岛的马克·卡文迪什（Mark Cavendish）。

　　莫克斯（Merckx）、希诺特（Hinault）、恩奎蒂尔（Anquetil）、康塔多（Contador）、弗鲁姆（Froome）、吉蒙迪（Gimondi）及尼巴利（Nibali）这七位职业选手，均获得过三大环赛的大满贯金牌。其中，比利时的艾迪·莫克斯（Eddy Merckx）是最大的赢家，曾五次获得环法赛和环意赛的冠军、一次环西赛的冠军。据说，恩奎蒂尔为了能够在比赛中胜出，把水瓶放在球衣后口袋里，以此减轻自行车的负重。目前，尚无人能在同一年里赢得三个环赛大满贯。即便是莫克斯，也只是在同一个赛季里，四次赢得其中两个环赛。被公认为巡回大环赛杀手的莫克斯是最优秀的职业骑手。他的队友诺尔·凡缇海姆（Noël van Tyghem）曾开玩笑说："与莫克斯搭档，我能拿下所有环赛的冠军。但是，我只要获得巴黎环法赛冠军就足矣。"

巴黎
477千米

蒙特龙市

莫瑞斯·加林
第1、5、6赛段的冠军

南特
425千米

鲁西安·波蒂埃
第二名

里昂
467千米

波尔多
268千米

查尔斯·腊瑟尔
第4赛段的冠军

黑珀莱特·阿钪图瑞尔
第2、3赛段的冠军

图卢兹
423千米

马赛
374千米

1903年环法巡回赛

环法赛

任何与自行车赛事沾上边的营生，都能挣得盆满钵满。巨额奖金永远最能吸引公众的眼球。自行车和汽车类的报纸、杂志等媒体，再次窥见了巨大商机。它们通过有关赛事的信息报道，从而吸引更多读者订阅并提升了报刊的销售量。

著名的法国体育日报《队报》的主编亨利·德斯格兰奇（Henri Desgrange）于 1903 年策划了规模盛大的环法赛。他宣布比赛定于 7 月 1 日举行，号召感兴趣的自行车骑手在 5 月 6 日前报名参赛。

在截止日之前，只有不到 15 名骑手报名参赛。德斯格兰奇只好把报名截止日期延后，并把一半的奖金进行细分，提高赢取奖金的概率。最终，报名人数增加到 108 人。在 7 月 1 日这一天，有 60 名骑手出现在起跑线上。发令枪响了，骑手们开启了环行一圈总计 2428 千米的比赛！环赛的沿途设有检查点。骑手需要向检查点的监控人员大声地报出自己的名字。骑手们可以自主选择在食物和饮料供应点进行停歇并补充能量，然后继续上路骑行。因为赛程很长，骑手们通常也会在夜晚骑行。这却引发村民们的抱怨：夜间的骑行干扰了他们的睡梦。

莫瑞斯·加林（Maurice Garin）是第一届环法赛的冠军，第二名抵达巴黎终点站的时间，比加林多了 3 个小时。选手们在赛程中有没有作弊呢？是否偷偷地少骑行几十甚至上百千米的路程呢？对于加林夺冠的比赛结果，很多人持怀疑态度。

亨利·德斯格兰奇
（1865—1940年）
第一届环法自行车
巡回大赛的策划者

环法赛中的各种障碍

第二届环法赛于 1904 年举行，竞争异常激烈，在赛程中，也贯穿着各种灾难和困扰。观众们高喊着"作弊的加林"，而加林则大声回应，他要"一直坚持到巴黎，绝不退缩。"尼姆镇的居民们对夜间产生的噪声十分不满。环法赛结束时，前四名骑手因作弊被罚出比赛，原来在比赛途中，他们偶尔搭乘火车或者挂靠在轻便摩托车和汽车尾部骑行了一段路。赛事发起人德斯格兰奇并没有因此而灰心丧气，一个全新的自行车赛事活动策划方案已在运筹帷幄中……

黄色和绿色

为了给骑手们鼓舞士气，并让他们能够在这场体育盛事中享受骑行的乐趣，德斯格兰奇决定让比赛中的领跑骑手穿上黄色球衣。在 1919 年的赛事中，尤金·克里斯托弗（Eugène Christophe）是第一个穿上黄色领队球衣的骑手。可惜他的运气不好，并未得冠。后来，比利时的骑手菲尔曼·兰博特（Firmin Lambot）接过了黄色领队球衣，拿下冠军后凯旋。

之所以选择黄色作为领队球衣的颜色，是因为德斯格兰奇就任的报纸《队报》是使用黄色纸张印刷的。又比如，环意赛的领队球衣是粉红色的，因为该赛事的赞助商，是使用粉红色报纸的《米兰体育报》。在 1953 年的巡回赛上首次出现绿色领队球衣，当时穿在瑞士骑手福瑞斯·司哈（Fritz Schar）身上。这个绿色来自另一家赞助商——一家绿色的割草机制造商。

同样，环西赛的领队穿着红色球衣，或者"maillot rojo"品牌的红色紧身衣。

比利时队获得 13 次积分榜的冠军，荷兰队则获得过 5 次。西班牙队获得前十名的人数最多，因此，他们获得积分总冠军且拿到领队球衣的次数高达 18 次。

比利时的骑手瑞克·范鲁伊（Rik Van Looy）总共赢得 18 个赛段的金牌，荷兰骑手格本·卡斯坦斯（Gerben Karstens）共赢得 14 个赛段的金牌。比利时的弗雷迪·马滕斯（Freddy Maertens）共赢得 13 个赛段的金牌，却在一次环西班牙自行车赛中排在最后一名，堪称巡回赛事里落差最大的、表现最不稳定的典范。

长久以来，捕鱼业流行使用印有黄色鱼标识的榜单来进行积分评比。远远看过去，榜单上鱼的标识像是正在游动的香蕉。现今的巡回赛事里，领队球衣都是绿色的，而捕鱼榜单上排第二位的也使用绿色。

乔普·佐特迈克

扬·乌尔里希

雷蒙德·普利多

菲利普·蒂斯

年纪最小的职业骑手

至今，法国的亨利·科内（Henri Cornet）仍是最年轻的巡回大赛冠军的纪录保持者。截至 2019 年，比利时的菲利普·蒂斯（Philippe Thys），仍是第二年轻的冠军，他当年夺冠时的年龄仅有 22 岁零 9 个月。

在 2019 年，哥伦比亚的伊甘·阿利·贝纳尔（Egan Arley Bernal）以 22 岁零 5 个月的年龄，破了蒂斯的纪录，从而成为第二年轻的冠军。贝纳尔是世界大战之后，最年轻的巡回赛冠军，也是有史以来第二年轻的职业骑手。此外，他也是首位赢得巡回赛冠军的南美洲人。

1913 年，科内获得巡回大赛冠军殊荣时，年仅 19 岁。有趣的是，该殊荣在赛后隔了数月之后，才被正式公布：他原本排第五名，前四名的对手终因作弊和私自缩短路线而被赛事主办方取消了参赛资格。

继第一次夺冠之后，蒂斯在 1914 年和 1920 年，又分别获得环法赛事的冠军。评论家们都深信不疑：如果没有爆发第一次世界大战，蒂斯极有可能赢得 5 次以上的环法赛冠军。他的表现比恩奎蒂尔、莫克斯、希诺特及尹杜然四个人还要更加出色。蒂斯坦诚地说道，他的赞助商要求他穿黄色球衣，以此与其他参赛选手区分开来。如此看来，蒂斯才是真正的、第一个穿上黄色球衣的骑手。然而，法国人保守地认为，尤金·克里斯托弗是第一位身穿黄色球衣的官方骑手。这位留着大胡子的克里斯托弗，时常被大家尊称为"老高卢人"。

永远的第二名

法国骑手雷蒙德·普利多（Raymond Poulidor）是永远的第二名，原因是他三次都输给了恩奎蒂尔。但是，相较于总共拿了 6 次第二名的纪录保持者——乔普·佐特梅尔克（Joop Zoetemelk）及 5 次紧挨着领奖台上中央位置的扬·乌尔里希（Jan Ullrich）来说，雷蒙德的 3 次第二名根本就不值一提。总而言之，在所有竞赛选手心目中，第二名就等同于失败者，那种感觉实在是太糟糕了。

利尔科·格拉

弗里兹·撒戈

迈克·卡文迪什

尤金·克里斯托弗

马丽·马文特

巡回赛中的"女超人"

法国"女超人"——玛丽·马文特（Marie Marvingt）在所有体育运动项目中表现都非常出色。她曾驾驶飞机飞行、在陡峭悬崖边上划艇、乘坐热气球飞越英吉利海峡，并在 1908 年参加了环法赛。当时，她把帽檐拉低到鼻尖，避免被认出来。她毫不畏惧，执意参加她的骑行比赛。她在男骑手们正式出发的第二天才启程。与男骑手们一样，她要完成 14 个赛段，总计 4488 千米的赛程。在布雷斯特市至卡昂市约 415 千米的赛段中，她都没有放弃。甚至到了 86 岁高龄，她仍然能够从南锡市出发，骑行约 350 千米的距离，顺利抵达巴黎。

红灯笼

最后一名永远不可能是第一名？或许有时就是呢！1903 年的环法赛，倒数第一名是阿尔塞尼·米罗黑宇（Arsène Millocheau），他比冠军加林落后了整整 66 小时 47 分 22 秒。他因此获得了一盏红灯笼，这可不是什么值得炫耀的奖品哦。红灯笼通常挂在长长的货运火车的最后一节车厢的尾部，即倒数第一。

扫地清洁车

美国的劳森·克拉多克（Lawson Craddock）是从起点的第一赛段到最后一站一直带着红灯笼完成整个赛事的第一个选手。此外，比利时骑手温姆·凡司韦南特（Wim Vansevenant）连续 3 次比赛都是最后一名，他可是获得倒数第一名三连贯殊荣的第一人。作为比赛骑行大部队的最末端，带着红灯笼来宣告比赛的终结，其中的滋味并不好受，谁会愿意超出限定时间、最后一个完成比赛呢？

劳森·克拉多克　　温姆·凡司韦南特　　阿尔塞尼·米罗黑宇

对于那些竭尽全力只为不成为倒数第一名的参赛选手而言，目的只有一个：在巡回赛结束之后，有资格参加本地环城教堂骑行赛，从而获得一份不菲的参赛奖励金。这类赛事包括：荷兰的博克斯梅尔镇、阿赫特凡长姆镇，以及比利时的阿尔斯特镇赛事。这些赛事吸引了很多当地人前来围观，因为大家都想知道是哪一位幸运的骑手获得了奖金，所有人都想来沾沾他的好运气。

扫地清洁车

没有哪一个骑手愿意被一辆扫地清洁车清除出赛场。1910年，环法赛策划者正式启用这种扫地清洁车的赛制。一辆嘎嘎作响的扫地车一路跟在骑行大部队的后面，对于有些中途下车、无法继续完成赛程的骑手而言，已经是一种非常委婉的暗示啦。

环佛兰德斯巡回赛

列赫—阿斯纳肯—列赫巡回赛

巴黎—鲁贝斯巡回赛

伦巴蒂巡回赛

米兰·圣雷莫巡回赛

五大联盟

各种比赛涌现出来又悄然消失，最终有五大经典赛事脱颖而出。意大利的米兰·圣雷莫公开赛是春季经典公路赛，于1907年第一次举办。环佛兰德斯巡回赛的历史稍微短一点，始于1913年。当时，第一次世界大战即将爆发。从1896年开始至今，巴黎—鲁贝斯环法赛一直是经典赛事的典范。它被公认为"北方地狱"，因为整个赛程都在颠簸的石板路上骑行。经典赛事里的"多业尼"或者"奈斯特"，实际是指列赫—阿斯纳肯—列赫巡回赛。这个赛事始于1892年，是第一个由业余自行车爱好者参加的竞赛项目。从1984年开始，它被设定为专供职业骑行选手参加的项目。伦巴蒂巡回赛是秋季经典的"落叶巡回赛"，它始于1905年，当时的赛事名称是"从米兰到米兰"。评论专家们认为，它的赛程设计堪比教科书式的"经典赛事之母"！

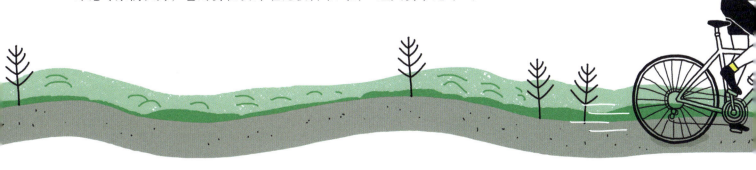

佩利司尔三兄弟

法国的佩利司尔三兄弟（Pelissier）有很多趣闻轶事。亨利（Henri）最强壮，被公认为"铁打的汉子"。他从未在比赛中怯懦过，直到他与第二任妻子在一次激烈的婚姻争吵中不幸身亡。弗朗西斯（Francis）是个大块头，比大多数骑手都高出几乎一个头。有人称他是"巴黎—波尔多环赛的巫师"。弗朗西斯曾经获得 2 次冠军、2 次亚军的好成绩。三兄弟中，查尔斯（Charles）是既英俊人缘又好的人，他的受欢迎程度及知名度非常高。他是第一个穿着白色袜子参加自行车赛事的人，他喜欢以此来炫耀自己优雅的双腿。

钢铁侠般的骑手

专业自行车比赛选手都有绰号或者昵称。加林是环法赛的第一位冠军得主，他个头并不高，体重轻，有一份打扫烟囱的职业。因此，他被人们称为"小烟囱清洁工"。

莫克斯是迄今最优秀的自行车骑手。每次他一出现在起跑线上，其他骑手就已经心中有数了：这回肯定又是莫克斯胜出啦。莫克斯总是能够战无不胜，因此他被冠以"伟大的食人者"的绰号。

汤姆·杜莫林（Tom Dumoulin）的绰号是"旋风汤姆"。法国的普利多（Poulidor）的绰号是"陪跑的普普"或者"永远的第二名"。荷兰的祖特梅尔克（Zoetemelk）总是能在最后冲刺阶段成功反超，被冠以"车轮吸盘式跟风"的绰号。马修·范德普尔（Mathieu Van der Poel）表现非凡，拥有"飞翔的荷兰人"的绰号。罗杰·德弗拉明克（Roger De Vlaeminck）先后 4 次赢得"巴黎鲁贝赛事"的冠军，因此被称为"巴黎鲁贝先生"。瑞克·范鲁伊被冠以"海伦塔尔斯皇帝"的绰号，而法国骑手贝尔纳·伊诺（Bernard Hinault）则被人们称为"獾"。

　　食肉鸟通常出没在深山老林里。西班牙的费德里科·巴哈蒙特斯（Fedeerico Bahamontes）被喻为"托莱多的老鹰"。瑞士的费尔迪·库伯勒（Ferdi Kübler）的绰号包括"鼻子"和"老鹰"。人们调侃斯洛伐克的彼得·萨根（Peter Sagan）为"绿巨人"，称美国的兰斯·阿姆斯特朗（Lance Amstrong）为"大老板"，称意大利的法奥斯托·科皮（Fausto Coppi）为"超级冠军"，法国的安德瑞·达日轧得（André Darrigade）为"金毛利箭"，称瑞士的雨果·克波特（Hugo Koblet）为"漂亮的辉哥"，以及称意大利的马可·潘塔尼（Marco Pantani）为"海盗"或者"大象"。

　　还有类似"钢铁侠"般的骑手：意大利的吉诺·巴塔利被称为"虔诚者"或"钢铁侠"；比利时的佛兰德瑞·斯侯特（Flandrien Briek Schotte）则被尊称为"铁打的伯瑞克"。法国的亚拉伯尔特（Jalabert）的外号是"亚亚"。意大利骑手菲奥伦佐·马格尼（Fiorenzo Magni）的绰号很多，比如"白狼"。在所有职业赛手中，比利时的弗莱克·范登布鲁克（Frank Vandenbroucke）是一个"神"级人物，很可惜，他的人生后半段却失败透顶。

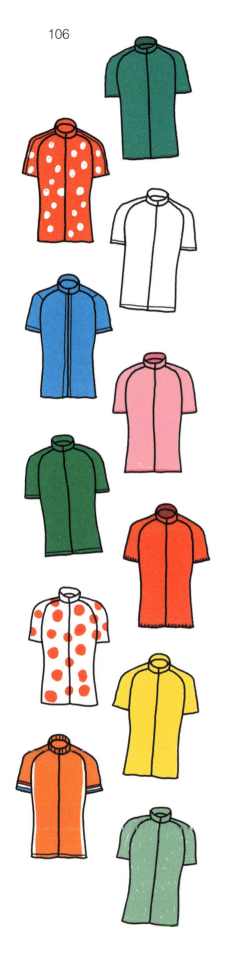

灵感来自包装纸和防磨垫

　　第一件比赛服是用羊毛制成的。毕竟，没有比羊毛更能抵御寒冷的原料了。然而，风很容易就能够穿过羊毛。因此，骑手们经常在羊毛衫里面再穿一件打底的内衣。如果出汗太多，内衣湿了，他们就会在胸前垫上一张棕色的包装纸或一张摊开的报纸。一旦遇上雨雪天气，羊毛吸足了水分，就会变得沉甸甸的。随着时间的推移，羊毛质地的比赛服被合成材料制成的毛衣所取代。新一代的比赛服与羊毛质地的比赛服不同，既防水又透气。它们不仅可以阻隔风的穿透，还能够很好地由里到外地通风散热。

　　比赛用的背带短裤也同样由合成材料制成。既有背带又有防磨垫的传统经典服装设计，依然占据着该专属领域的主流地位。吊带可以使裤子保持合适的高度，不会松垮，而裤子里的防磨垫可以防止骑手的坐垫过热。除此之外，防磨垫还可以让又尖又硬的坐垫变软一些。在专业比赛服出现以前，骑手们有时会在臀部和裤子之间放一块生鲜的牛排，以此预防骑行引起的屁股疼痛或者其他更糟的情况出现。女式背带短裤中的防磨垫与男式背带裤中的防磨垫的形状不同。

　　至于比赛服的颜色，则是缤纷多彩的。优雅的、奇怪的、令人惊讶不已的、引领时尚潮流的服饰色彩，由赞助商说了算。背带短裤是黑色的，男女皆宜。曾有一支法国自行车队穿着棕色短裤亮相，遭到各方嘲笑和讥讽。荷兰的马修·范德普尔（Mathieu van der Poel）在2019年的环佛兰德斯比赛中，穿了条白色的背带短裤，结果他最后一个抵达终点，这种事情还从未在他身上发生过呢。赞助商对此没有半句怨言。因为，穿着印有赞助商品牌服装的马修在整个赛程的电视直播报道中频繁出现，成了人们高度关注的人物！

比赛装备

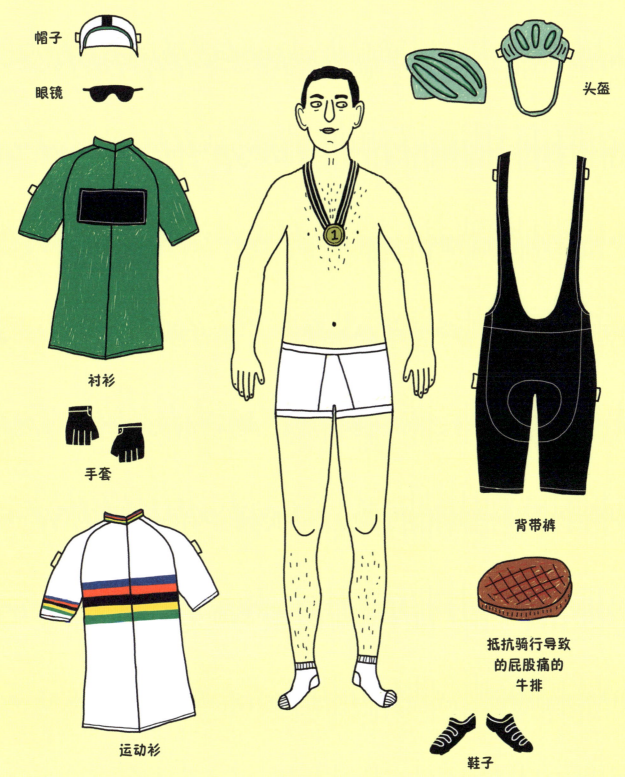

帽子

眼镜

衬衫

手套

运动衫

头盔

背带裤

抵抗骑行导致
的屁股痛的
牛排

鞋子

两个轮子上的广告宣传

　　自行车制造商从一开始就察觉到两个轮子上的广告宣传会产生巨大的商业效应。当奥蒂乐·德弗莱业（Odile Defraeye）成为第一个赢得环法赛冠军的比利时选手时，赞助商立即展开了一场铺天盖地的宣传活动，Alcyon 牌自行车由此被广为人知。接下来，各种品牌出现在咖啡机、老虎机、自行车、银行、百货商店、肥皂、木地板、冰激凌制造商、香烟、汽车⋯⋯ 再后来，它们出现在运动衫及吊带短裤上。瞬间，赛道上的骑行大部队就变成庞大的广告宣传大部队。

　　瑞士钟表商庞蒂克曾有一个品牌宣传活动极具争议性。1951 年，荷兰的韦姆·凡艾斯特（WimvanEst）率先穿上黄色领队球衣。在环法赛的第 13 站的赛段，途径法国奥比斯克山脉。在下山途中，凡艾斯特求胜心切，直接掠过所有休息点，一直飞驰在路上。然而，他也提前透支了体力。在下坡的一个转弯处发生了意外，他失控冲出了赛道，掉进了峡谷。奇迹发生了！他竟然存活下来。紧急救护人员用铁链把他从峡谷中搭救出来的那一刻，面色苍白的凡艾斯特嘴里冒出一句至今令人难忘的庞蒂克品牌宣传口号："我跌落在深七十米的谷底。我的心停止了跳动，但是，我的庞蒂克手表仍在转动。"接下来的几年里，几乎每场比赛都有一辆庞蒂克品牌的宣传车出现。

韦姆·凡艾斯特

乔治·朗斯

阿尔弗雷多·宾达

贡纳尔·舍尔德

瑞克·凡斯腾博亨

男一号

1921 年 8 月 4 日举办的"哥本哈根世界公路锦标赛"是第一届男子自行车公路冠军赛，只允许自行车业余爱好者参赛。此外，它还是 190 千米个人计时赛。瑞典的贡纳尔·舍尔德（Gunnar Skold）在该场赛事中获胜。1927 年 7 月 21 日，在意大利举行的第一届职业选手世界公路锦标赛中，意大利的阿尔弗雷多·宾达（Alfredo Binda）成为第一位世界冠军，并在德国纽伦堡赛程中，穿上了第一件世界冠军的正式球衣。宾达是一个传奇人物，各大赛事主办方都希望他不要参赛，因为只要有他在，赛事均会毫无悬念地以他的夺冠而告终，那将是很无聊的事情。

自行车男神骑手们

世界自行车公路锦标赛是按国家划分组别举行的。比利时队以总共 26 次夺冠的优秀成绩，排在最前列。紧跟其后的是意大利队，共赢得 20 场冠军，而荷兰队则获得过 7 次冠军。

比利时队的乔治·朗斯（Georges Ronsse）在第二届和第三届世界锦标赛中获得了个人冠军。一直到 1947 年，荷兰的缇欧·米德康普（Theo Middelkamp）才拿到冠军。意大利的埃尔弗雷多·班达（Alfredo Benda）、比利时的瑞克·凡斯腾博亨（Rikvan Steenbergen）和艾迪·莫克斯、西班牙的奥斯卡·弗莱雷（Oscar Freire）及斯洛伐克的彼得·萨根，他们五个人均分别三次穿过彩虹领队球衣。参赛骑手们相互间散播着一条迷信思想：穿领队球衣无法取得好成绩，谁穿谁倒霉。有道理，那个取得光辉胜利而荣获领队球衣的骑手，在接下来的比赛中，就再也没有赢过了。

艾迪·莫克斯

奥斯卡·弗莱雷

彼得·萨根

缇欧·米德康普

自行车女神骑手们

在世界女子自行车公路锦标赛中，荷兰女队堪称"无敌劲旅"，迄今已赢得 12 次冠军，其中，被喻为自行车女王的玛丽安·沃斯（Marianne Vos）是最耀眼的明星。2019 年，荷兰女队表现出色，囊括了冠、亚军。其中，安妮米克·范弗勒滕（Annemiekvan Vleuten）获金牌，安娜.范德布雷根（Annavander Breggen）获银牌。法国女队总共赢得过 10 次冠军。其中，让妮·隆戈（Jeannie Longo）曾连续 4 次获胜，包揽了半数的金牌，比荷兰的沃斯还多出 2 枚。

比利时女队赢得过 6 次冠军，意大利女队和英国女队各赢过 5 次冠军。立陶宛女队总共赢得 3 次冠军，她们最近一次胜利是在 2001 年。在这同一年的赛事中，法国女队的隆戈夺得第 3 名。这位法国女骑手持续骑自行车直到 57 岁，而她所有的竞争对手不是早就退休了，就是销声匿迹几十年了。很遗憾，她曾因多次非法使用兴奋剂而名声扫地。尽管如此，她在赛场上的表现及她在公路赛事上的顽强拼搏，还是给人们留下了深刻的印象。

与自行车有关的书

赛道上的骑行大部队，永远都光芒四射。许多人出书记录了他们的比赛经历，并真实呈现了他们当时脑海里的各种想法或者思考。荷兰的蒂姆·克拉贝（Tim Krabbé）先后参加过将近3000场公路自行车比赛，他在1978年出版的名为《竞骑者》的书中，详细地描述了环法赛第309站在阿尔代什山爬坡的赛段经历。对于想要成为职业骑手的人或者阅读爱好者们，这是一本推荐书。

"当你在骑行时，思想意识很渺小。你骑得越快、思考的东西就越少。"荷兰的劳伦斯·腾达姆（Laurensten Dam）非常珍惜有关骑行比赛体验的书籍，视它们为"金子"。他最心仪的三本书是《从我的鞍座开始》《帕罗通邮报精彩赛事选集》和《阿米古》。这三本书均为同一位作者所著，即西班牙的骑手、作家和报纸专栏作家佩德罗·霍里奥（Pedro Horillo）。这位西班牙人，于1998年正式成为职业赛手，还给自己起了一个绰号叫"哲学家"，引起了公众关注。霍里奥的比赛表现平淡无奇，但作为雇员，他是言听计从的典范。他所属的车队经理曾叮嘱过他："骑手的头只用来戴头盔，不用理会其他的事情。"

第十一章
自行车
道路的优化

旗帜

　　机动车、其他交通工具及路上行人们，有时候会由于视觉盲区看不到路面上那些低矮的卧式自行车，从而导致道路交通事故风险的增加。在卧式自行车上插一面高高竖起的小红旗，可以大大增强整体可视度。

摔落

　　因为背靠着坐在卧式自行车上，骑行人员从来不会出现从车上摔落的情况。

车轮

　　尽管卧式自行车的前轮较小、后轮较大，但是，它不是高轮车。

卧式自行车

　　发明于 19 世纪末，它是三轮车的后代。

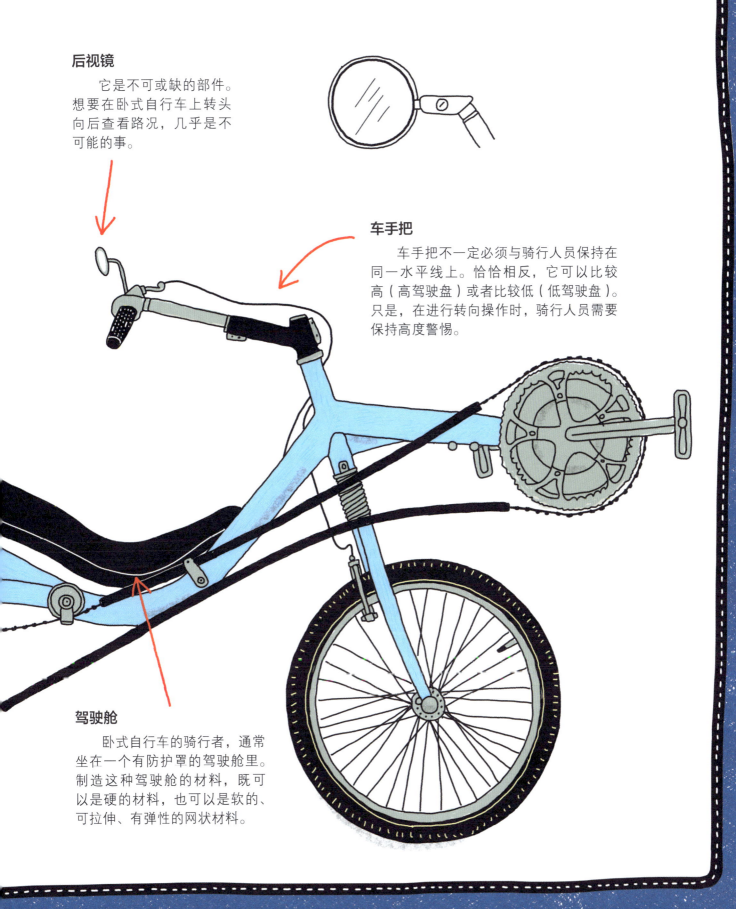

后视镜

　　它是不可或缺的部件。想要在卧式自行车上转头向后查看路况，几乎是不可能的事。

车手把

　　车手把不一定必须与骑行人员保持在同一水平线上。恰恰相反，它可以比较高（高驾驶盘）或者比较低（低驾驶盘）。只是，在进行转向操作时，骑行人员需要保持高度警惕。

驾驶舱

　　卧式自行车的骑行者，通常坐在一个有防护罩的驾驶舱里。制造这种驾驶舱的材料，既可以是硬的材料，也可以是软的、可拉伸、有弹性的网状材料。

通往自行车之城的自行车专用通道

骑行者们希望能够有更多、更好的、可供自行车通行的乡村道路。尽管这一诉求经历了非常周折而漫长的等待，他们的梦想最终还是实现了。在比利时王国，国王利奥波德二世（Leopold II）威严地发出指令，要为自行车提供更好的专用道路。骑行在那些到处都是坑洼且伴随着路边尖锐的小石子及容易打滑的石面的乡村道路上，毫无任何乐趣可言。在如此糟糕的路面上，尤其是在昏暗的傍晚及漆黑的夜晚里，骑行人员需要格外小心。除了加倍小心地在如此糟糕的路面上摸索前行之外，还要对周围那些没有车灯的马车、手推车甚至迷路的马匹们提高警惕并保持距离。在那个久远的年代，乡村地区还没有普及路灯设施，所有行夜路的人们都面临着随时随地发生意外的危险。

因此，从一开始，修缮道路是为了方便骑自行车。到了后来，称霸为王的汽车出现之后，情况就变了。汽车的行驶速度非常快，迅速霸占了整条道路。为了避免由马达驱动的四轮汽车卷入泥巴和杂草中，需要投入大量的人力和物力来进行道路基层的翻新、铺设、碾压工作。这种受惠于所有人的宏伟基础设施建设工程，投入再多的钱财也不为过啊！但是，残酷的现实摆在眼前。在20世纪后半叶，随处可见"我的汽车、我的自由"的宣传标语。汽车总是霸道地行驶在道路上，把自行车挤到了马路两侧甚至路肩上。

第二次世界大战之后，汽车行业迅猛地发展起来。汽车源源不断地从生产装配线上滚动下来，以低廉的价格涌入庞大的消费者市场中。那时候，社会上普遍流行着一个观点，即每一个人都应该拥有一辆汽车，而那些只有一辆自行车的人，简直就是时代的落伍者。于是，渐渐地，马路上骑自行车的身影越来越少了。偶尔在路上看到骑车的人，反而让人觉得有点新奇。

随之，自行车沦为了平凡之物。曾经那么令人震惊的、充分显示人类智慧的发明，却落得被束之高阁、隐蔽在尘埃中的下场。不过，自行车绝对不是玩具木马，终有一天，这充满着高技术价值的工艺品，一定会以前所未有的活力再次崛起！

自行车道

自行车道出现在 19 世纪末 20 世纪初，最早开始修建自行车道的国家是德国和美国。在美国，自行车道铺设在道路的两侧；而德国在 1910 年以前，把自行车道统一划定在道路的正中央。1885 年，荷兰的乌特勒支市出台了马利班大道的使用新交通规则，限定每个星期日的下午，允许自行车在该路上通行。荷兰的第一条真正的自行车道，是从纽南镇（Nuenen）的火车站到小镇中心的一条路。你可能听说过纽南镇，它是画家凡·高的出生地！

1930 年前后，比利时、丹麦、法国和瑞士也开始修建自行车道。丹麦首当其冲地开始修建，接着是比利时，但是比利时表现的不太积极，到了 1960 年间，竟一度还撤销了道路修建的所有资金投入。

1977 年，荷兰的蒂尔堡是世界上第一个在市中心铺设自行车道的城市，它的车道以红色砖瓦为主要铺设材料。在修建成本不变的前提下，这个红色车道颜色的选择纯属偶然。没想到，红色自行车道引起了全世界的关注。日本游客纷纷前来拍下"到此一游"的照片。接下来，几乎所有欧洲国家都效仿蒂尔堡，开始铺设红色自行车道。红色确实是非常清晰、亮眼的颜色！但事实上，欧洲并没有限定自行车道的颜色，在西班牙，自行车道是绿色的。

蒂尔堡

乌特勒支市

纽南镇

自行车街道

1975 年，一条法令颁布——允许各城市自己设计有特色的自行车街道，但必须是红色的、且有明确的交通指示牌。如果街道的通行方向与骑行的方向一致，那么骑行人员就拥有任意使用整条街道的自由权力。在这种街道上，机动汽车也可以通行，但是，机动车的速度必须低于每小时 30 千米，当有自行车在同一方向行驶时，机动车不得超车。

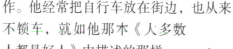

这种自行车街道，直到 1990 年才真正出现。它修建在德国第一次举办世界自行车赛事的明斯特市（Munster）；在荷兰，则是在 1996 年，修建在乌特勒支市；在比利时，这种街道出现在 2011 年的根特市，被命名为菲瑟莱（Viserij），有一条运河紧挨着这条街道，垂钓者们时常会钓到一些沾满泥巴的"肥美大铁鱼"——自行车。

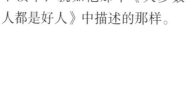

安全感至上

2019 年的一份欧洲研究报告显示，在根特、列日、蒂尔堡、格罗宁根、杜塞尔多夫、多特蒙德、柏林、卑尔根及特隆赫姆这些城市，人们逐渐放弃将自行车作为日常交通工具，原因竟然是，他们不愿意在自行车上投入过多的时间、金钱及个人精力。研究进一步发现，尽管经常骑车和偶尔骑车的人认为骑车没有安全感，但是，这九个城市的骑车人数，呈现出逐渐增长的趋势。

报告还指出，如果城市配备更适合骑车出行的设施，那么骑车的人数还会继续上升。2019 年，法国的科特赖克市公布了该市的未来发展目标：将城市中心升级为由自行车骑行人员主导的城市。

豪滕

2008 年，自行车骑行安全组织宣布，荷兰乌特勒支市旁边的豪滕镇为"荷兰的自行车城"。著名的意见领袖和历史学家鲁特格尔·布雷格曼（Rutger Bregman）就在豪滕镇生活和工作。他经常把自行车放在街边，也从来不锁车，就如他那本《人多数人都是好人》中描述的那样。

骑车时的安全隐患

荷兰的一项研究，证实了骑自行车时听音乐，存在巨大的安全隐患。那些头上戴着耳塞式或头戴式的耳机、伴随着音乐节奏飞快骑行的人群，发生交通事故的风险是不戴耳机人群的 6 倍。音乐的节拍韵律令骑行人员"暂时失聪"，根本听不到周围其他声音，不仅如此，音乐的动感韵律又促使他们骑行的速度更快。有超过 70% 的、年龄在 16～18 岁的年轻人经常在骑车时听音乐，其中更有 15% 的人，几乎每一次骑车都戴耳机听音乐。年龄在 50 岁以上的人群，则比较小心谨慎，他们在交通高峰期间从来不听音乐。那些把音乐音量调得很高的骑行人员，往往注意力分散，也因此更容易违反交通规则。那些被送到医院急诊室的骑行人员，有 3.5%～5% 的人回忆说，他们当时完全沉浸在音乐中。这种掺杂着焦急匆忙、紧急事务、动感音乐的骑行，实在是太不安全了！

骑车有益健康！

每天都外出骑自行车的理由可以有很多。骑车对心脏和血管有益，可以降低患糖尿病的风险；骑自行车可以促进食物消化、血液流动、大脑保健和肌肉锻炼；骑自行车的人可以通过蹬踩踏板甩掉多余的腿部脂肪，能够在工作中保持更好的状态，让身体变得更强壮，增强自身免疫力的同时获取阳光下合成的维生素 D；除此之外，骑自行车有益于心情愉快、保持自信力。其实，跳上自行车，在路上穿梭，根本就不需要什么理由！

里程记录者们

2011 年，在比利时的使用荷兰语的佛兰德地区，当地自行车道的总长度是 6739.5 千米。7 年之后，又增加了约 1000 千米。而荷兰境内的自行车道的总长度，则在 2019 年底就已经达到了 3.5 万千米。

自行车道无处不在。在林间，在水域边，既有防冻预热功能的车道，又有铺了涂层、夜间发光兼具照明功能的车道。各式各样的车道不断涌现。2016 年 11 月，哥本哈根市有 26.57 万人骑车、25.26 万人开车。这意味着，在这个有 58 万人口的城市，41% 的人把自行车作为上学和工作的交通工具。为了鼓励大家把自行车作为通勤工具，该市政府先后修建了 15 条可供自行车通行的道路，接驳了一个长度为 372 千米的自行车道网络。在这个车道联网系统里，没有红绿灯，只有少量的停车标志，骑行的平均时速可达 20 千米。

在世界交通安全 100 强城市排名中，比利时的布鲁塞尔市排第 72 名，安特卫普市则排在第 71 名，印度的加尔各答排在榜单末尾。在现今的伦敦，一辆汽车的平均时速是 16 千米。这个速度太低了，要知道，300 年前的伦敦，满大街跑的马车就已经达到这个速度了。如果换作是电动自行车的话，则可以轻易达到 25 千米的时速。如果辅以踩踏助力，高速电动自行车的速度甚至可以达到每小时 45 千米。

自行车的快速通道

美国加利福尼亚有个名叫霍瑞斯·多宾斯（Horace Dobbins）的市长，是个开明、务实的人。1899 年，他满腔热血地在当时号称"世界上第一条自行车高架路"工程的奠基仪式上，亲手铺下了第一块石头。这项工程的最初设想是在帕萨迪纳市与洛杉矶市之间，修建一条快捷的城际通道。这条自行车专道将是一条架在半空中、路面铺有木质地板、长约 15 千米的高速通道，它的途中设有自行车租赁服务点、维修站、停车休息区及夜间照明设备。此外，还规划向通道使用者征收一笔较少的过路费来进行项目成本的回收。很遗憾，这项工程至今没有完工。霍瑞斯当初肯定也没有料到汹涌而来的汽车工业所带来的强大冲击力。汽车在美国一直都称霸为王。

丹麦是最早开始修建并使用自行车快速通道的国家之一，紧跟其后的分别是荷兰、德国和比利时。这种自行车快速通道的距离可以很长，全程配置了智能交通指挥灯；它有可能出现在十字交叉路口的上方或者下方；它也可能会穿过水域旁的牵引道、旧铁轨及人流量稀少的道路。总之，这种通道非常方便人们通勤。那些骑着电动自行车和高速电动摩托车的人们，在这通道上闪电般地飞驰而过，把驾驶汽车的人们远远地抛在了身后，让他们在交通堵塞中无奈地苦等。

没有自行车，就没有自行车道

在"自行车绿色出行"理念的倡导下，各大城市都在积极努力地改进，规定机动车必须给自行车让出更多空间，共享自行车的租用业务也变得更加轻而易举。然而，意大利的威尼斯，是唯一不参与这项壮举的城市。威尼斯是座"水城"，街上是人头涌动的观光游客。在这座古城的中心区域，严禁骑自行车。

连接自行车路线的各节点

荷兰林堡矿区工作的人们，谁也不愿意在纵横交错的矿区隧道里迷失方向。为了能够找到返回地面的正确路径，他们是不是需要效仿童话故事里的汉斯和格瑞特两兄妹那样，在森林里偷偷沿途撒面包屑或者小石子来标记行踪呢？不，现实中，矿工们会给每一个路口标注一个数字编号。然后，他们会把这些数字牢记在脑子里，这样，他们就可以毫不费劲地安全进出矿井了。

采矿工程师雨果·伯勒（Hugo Bollen）将这套方法照搬到了路面。他为自行车通道标注了编号，把它们与那些水域旁的牵引道、旧的铁路轨道连接起来，从而在比利时林堡区构建了一个庞大的自行车道路网络。

在比利时的弗兰德地区，目前有超过1.2万千米的道路已经被编号并收录入交通网络系统。荷兰有9000多个自行车指示牌（特定为"白绿色"板），标注了1—99的数字。骑车的人在自行车导航地图上，先选择起始点（即所在位置为出发点和所选目的地的编号），接下来，导航会规划出一条行驶路线，骑行人员就能跟着指引开始骑行。途中，骑行人员既可以延长骑行路线，又可以提前缩短路线。此外，依据实际需要，还可以灵活地选择或取消"绕圈闭环骑行"的设置。举例说明：从根特市到奥斯坦德市，或者从马斯特里赫特市到阿姆斯特丹，骑行路线的备选方案会非常多，但是，哪一条是最漂亮、最安全、距离最短的行驶路线呢？你可以自由选择。许多人采用这个方式通勤，就算不小心错过了一个节点，也只需多花一点时间和精力绕行一下。

千万不要儿戏

对于某些人而言，短距离的骑行压根就不够过瘾，他们需要距离更远、更刺激的骑行体验。于是，一些无所畏惧的骑行者们，来到南美洲的玻利维亚，在这里，有一条著名的"单车挑战死亡公路"能够让他们真切感受到生命脉搏的跳动。穿行这条"死亡之路"时，骑行者要翻越令人眩晕的峡谷，要穿越亚马孙雨林地带，要躲闪头顶上方的瀑布水帘，要摸索着走出浓厚云雾和尘土飞扬的山脉，还要飞越令人叹为观止的海拔高度。

此外，在亚洲，有一条名叫帕米尔公路或 M41 的公路，它贯穿了塔吉克斯坦、吉尔吉斯斯坦、阿富汗及中国。在这条路上行驶，不仅需要有经验丰富、娴熟的骑行技巧，还要有钢铁般的意志和冷静的头脑。总而言之，小心驶得万年船！在布鲁塞尔这种国际大都会里骑自行车，真的需要打起十二分精神啊！

偷着乐吧！

骑着自行车穿过水域，却没有被水溅湿；骑着自行车穿过树林，却没有被绊倒；骑着自行车仰望着繁星点点的星空，却丝毫不会破坏那一刻整体的画面意境……多么美妙啊！

在比利时根特市，一片风景秀丽的凡业斯水域中央，有一条自行车道。骑行在这条道上，从骑行者的水平视线望出去，仿佛面前的一片红海被车道劈裂分开了！可惜，这条车道只有 20 米长。

同样，在比利时海赫特尔—埃克瑟尔地区的林区，有一条自行车道修建在离地面 10 米高的空中，正好横跨在一片矮树林的上方。树冠轻轻地摇摆着，鸟儿们在歌唱，骑行在这条长 700 米的高空自行车道上，会有一种错觉，仿佛自己像鸟儿一样在天上展翅高飞。

在荷兰的埃因霍温市，一位名叫丹·罗斯加德（Daan Roosegaarde）的设计师，用上千粒荧光石将凡·高的著名画作《星空》搬到了路面上。在这条 600 米长的路上骑行，尤其在夜晚，会让人产生一种美轮美奂的感觉，那是一种从小王子变身为星空舞者的魔幻体验。

第十二章
自行车为王

车座

车座既有符合男女不同性别的款式，还有各种形状、尺寸和材料的款式。重要的一点是，车座的安装必须正确、安全。

刹车

法律明文规定，每一辆自行车均必须有运作正常的前轮刹车和后轮刹车。儿童自行车、折叠自行车和迷你自行车在安全范围内，允许只配备一组刹车件。

反光片

相关法规要求：车头部必须安装白色的反光片，车尾部必须有红色的反光片。每个轮胎上有两个反光条，脚踏板上也必须有两个黄色或白色反光片。

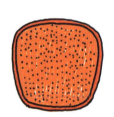

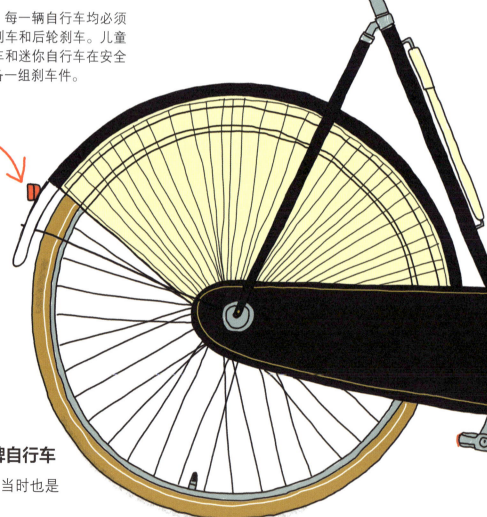

风格斯（Fongers）品牌自行车

于 1884 年被发明制造，当时也是安全自行车刚刚出现的时期。

车铃

这是每一辆自行车必备的部件。它的声音须确保 20 米以外的人都能听到。赛车也配备车铃。车铃通常安装在车手把的右侧，也有个别安装在左侧。

车手把

没有哪一辆自行车是没有车手把的。不管你的车手把是上下倒置的还是弯曲的，关键是要确保它的灵活度和安全性。

车灯

自行车的前车灯必须是白色光或者黄色光，而后尾灯则必须是红色光。这种设置，可以让路上的所有人清楚地知道附近的自行车是面向自己行驶还是背对自己行驶。

骑自行车的女王

荷兰威廉明娜女王
（1880—1962年）

很久以前，在荷兰，有一位公主名叫威廉明娜（Wilhelmina）。1897年，世界上发生了很多事情。美国发明家查尔斯·西伯格（Charles Seeberger）发明了自动扶梯；美国作家布莱姆·斯托克（Bram Stoker）发表了惊悚著作《吸血鬼德古拉》；同年，比利时考克利尔公司推出了世界上行驶速度最快的"克雷曼汀公主号"客运轮船。当时，正居住在维也纳的威廉明娜公主，对维也纳视觉艺术家协会的那些艺术家们毫无兴趣。偶然一天，在街上，她看见有人骑着自行车擦身而过，立即引起了她极大的好奇心，"我也想拥有一辆那种交通工具！"她说。她的母亲艾玛王后对此极力反对："太危险了，它对身体很有害。"但是，威廉明娜公主并没有就此罢休，她持续地在王后耳边哀求。无奈之下，艾玛王后召集内阁大臣们来商议。"现在也有不少女性骑自行车呀。"公主努力地为自己争辩着。"这倒是真的，"首相皮尔森（Pierson）回应道，"可是，公主殿下，您提到的那些女性中，有谁像您这般尊贵且肩负着未来要为国家、民众谋求福利的重大责任呢？就算骑车的风险很小，我们还是要恳请公主殿下，放弃这个意愿吧。"后来，威廉明娜公主收到了一份安慰礼物——一辆由4匹苏格兰小种马拉动的漂亮马车。

公主无奈地压抑着自己的渴望，直到她继承王位。"从今天起，我要学习骑自行车。"加冕当天，这位新上任的女王立即宣布她的重大决定，所有大臣们都输给了她对自行车的狂热度。"好吧。但是，您不可以在公众场合里骑自行车亮相。"众议院最终同意并下达了命令。女王一直遵守着这一禁令，直到1933年。那一年，她30岁，她在卡特韦克市骑行了20千米。沿途遇到的路人和围观者们完全被眼前发生的事情惊呆了：这可是骑着一辆自行车的女王啊！真让人大开眼界啊！在荷兰，每一个骑自行车的人都有一个自行车税牌，而女王骑的那辆车的前叉上，挂着的是皇家税牌标志。

20世纪30年代，战争危机日渐恶化，到处都在削减开支。女王施令，要求议院及政府机构的人员尽量不使用汽车，敦促所有人改用自行车。战争期间，女王逃亡到了伦敦，当时，英国首相丘吉尔的身边围绕着各国的元首和政府首脑们。在现场那些来自不同国家的领导人当中，丘吉尔是唯一一个对威廉明娜女王大加赞赏的人，他对女王的印象非常深刻。

战争结束之后，威廉明娜女王骑着自行车回到自己的祖国。她果断地要求所有荷兰人，立即行动起来重新修复这个国家。她的沉稳和理智感染了整个国家，并获得了民众的广泛赞誉。当女王看到一切都朝着正确的方向发展之后，她就愈加开心地去享受自行车的骑行啦。

自行车的经济效益

有一个有趣的故事，说的是 1939 年，荷兰公主玛格丽特从威廉明娜女王手中接过一辆风格斯牌自行车。公主一直骑着这辆车直到 1998 年，骑了长达 60 年之久。这个自行车品牌"风格斯"来自格罗宁根省的自行车制造商，从 1897 年到 1970 年，一直专注于昂贵的自行车制造领域。在荷兰及荷属殖民地包括东印度群岛、苏里南和新几内亚这些地区，风格斯牌自行车都很畅销；在爪哇岛和苏门答腊岛的销量也很高。如此看来，自行车总能找到有经济实力的买家。公主的轶事，宣扬了荷兰自行车的高品质和安全性能。

皇室自行车雕像

地球上，只有一座头戴皇冠的自行车骑行者的雕像。好奇的人们可以去荷兰阿纳姆市的林登镇看一下。这个小镇的珀斯邦克广场上，有一座贝娅特丽克丝（Beatrix）女王骑自行车的青铜雕像，它是艺术家达芙妮·杜巴里·维辛加（Daphné du Barry Vissinga）在获得女王准许之后创作的。2011 年，这座雕像曾一度在公众视野中消失了。当地人为此编了一个有趣的笑话：在矗立着女王骑自行车雕像的地方有一张纸条，上面写着：我外出骑车了。大约在圣诞节前后、油炸球上市时，咱们再见吧。

贝娅特丽克丝女王

苏斯特代克宫

荷兰罗宫

贝恩哈德王子

朱丽安娜女王

威廉明娜女王

三轮自行车

赛车道

国王也骑自行车

当荷兰威廉明娜女王及她的继承者们纷纷加入自行车的骑行中时，比利时的国王们也对自行车一见钟情。国王利奥波德二世曾骑着一辆三轮车出现在公众面前，他还亲切地称那辆车为"我的神兽"。此外，这位留着胡须的国王频繁地出现在竞赛场上，不仅担任发号施令的工作，还很喜欢为竞赛选手们记录比赛成绩。竞赛场上的选手们奋勇地拼搏，不是为了奖金，而是为了无比荣耀的奖牌和胸章。

据说，1895年的骑自行车沙龙活动中，国王既是最尊贵又是最积极参与活动的会员之一。他总是对最新款式的车型赞赏有加，也大力支持有关自行车道路的改良措施。经过岁月的洗礼，利奥波德二世的皇家三轮车现在被收藏在布鲁塞尔皇家军事博物馆里。

利奥波德二世的侄子后来继承王位，即国王阿尔贝一世（Albert I），他也继承了与原国王相同的兴趣爱好。他经常骑车跨越整个布鲁塞尔市，有时候还会骑到比利时与卢森堡交界处的阿登丘陵地带，他甚至还会骑去瑞士、专门训练自己爬坡骑行的技术呢！现任的比利时玛蒂尔德（Mathilde）王后，属于自由奔放、不喜欢墨守成规的人。她时常骑车穿行在布鲁塞尔市内，喜欢在骑行时穿着一件粉红色的外套。

布鲁塞尔

阿尔贝一世

利奥波德二世

玛蒂尔德王后

自行车君主制

　　每当看到北欧斯堪的纳维亚地区及荷兰皇室的加冕人员在路上骑车的景象时，英国人都会产生这样的想法：他们竟可以如此低调亲民！国王不是应该坐在由那些经过精心打扮、皮毛油光发亮的骏马拉着的金色马车里的吗？很显然，这些北欧国家不仅有金碧辉煌的马车，还有漂亮的自行车。

　　丹麦国王弗雷德里克九世（Frederik IX）和他的瑞典妻子英格丽德（Ingrid）曾骑着自行车穿梭在哥本哈根的街道上，此举是他们用来表达他们对丹麦与德国结盟参与二战的反对态度。

　　荷兰王室把自行车变成一个国家的象征，它完美地搭配在一片片郁金香花田、一双双木屐和一行行巨大的风车里，相得益彰。但这些对于英国君主们毫无作用，因为他们不骑自行车。现任的英国查尔斯国王，曾有一张骑着一辆红色迷你自行车的照片，只见他西装革履，打着漂亮领带，跨在一辆微微倾斜的自行车上，右脚站在地上，左脚踩着左踏脚板。所有英国人看到他们的皇室成员坐在自行车上的这张照片时，都无奈地摇着头调侃着说："看哪，这是一个骑着自行车的君主王朝。"

查尔斯

哥本哈根

英格丽德

弗雷德里克九世

国家总统和披头士摇滚乐队

人们偶尔也能捕捉到美国曾在任总统骑自行车的镜头。卡特（Carter）身穿蓝色夹克，没有戴头盔；小布什（Bush Junior）戴着头盔、穿着短裤，骑一辆山地自行车；年轻的里根（Reagan）穿着伐木工衬衫骑车，风中飘扬着他浓密的黑发；克林顿夫妇（Clintons）戴着头盔并排骑车；奥巴马（Obama）穿着白色短袖或者浅灰色马球衫骑车，总是戴着头盔，偶尔微微笑一下。

1991年，65岁的古巴总统菲德尔·卡斯特罗（Fidel Castro）竭尽全力地骑上了一辆中国制造的自行车。英国披头士摇滚乐队的约翰·列侬（John Lennon）骑着一辆普通的自行车，优雅地转圈，后面跟着骑得晃晃悠悠的保罗（Paul）、乔治（George）和林戈（Ringo）。

风格斯品牌自行车的风靡

    风格斯品牌来自荷兰的格罗宁根省，是"旧时光"式的自行车。它最新的款式出自 1970 年，而最古老的款式则回溯到 1897 年。在荷兰，该品牌的二手车也价格不菲。在荷属殖民地的印度尼西亚，它的售价高得不可理喻。也许，它是荷兰殖民历史文化留在印度尼西亚的唯一遗产，当地人对它情有独钟。有趣的是，在印度尼西亚的风格斯品牌的自行车，看起来都非常新、很有现代感。原来，在被运往海外市场之前，为了避免车子生锈，车子的全身（包括车架管杆在内）都已做了打蜡工艺处理啦。

第十三章

影像、绘画、书籍里的自行车

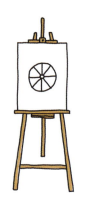

绘画作品中的自行车

画家凡·高应该在巴黎和伦敦见过自行车，可是他的绘画作品中从来没有出现过自行车。也许他觉得，自行车是超现实主义的东西，又或者只是科技发展的一个标志。凡·高弟弟的妻子乔·凡·高博格（Jo van Gogh-Borger）曾有一辆三轮车和一辆自行车。她经常在阿姆斯特丹"闪电般地"穿梭骑行。

孩童时期的法国著名绘画家图卢兹·罗特列克（Henri de Toulouse-Lautrec）在他母亲订阅的一份英文杂志上看到过一辆自行车。他一生中，虽然也画过无数幅有关自行车的画，但是，他的出名跟自行车没有丝毫关系。

英国画家大卫·霍克尼（David Hockney）的父亲在第一次世界大战期间拒绝入伍打仗，因而遭到人们的指责。为了生计，父亲从事旧自行车翻新的工作，并在自家门前进行摆卖。这段生活经历带给霍克尼的最大财富就是他对骑车的终生热爱。法国的费尔南德·莱热（Ferdinand Leger）曾把一辆自行车拆散，然后创作了一幅有两个车手把的画。画家毕加索（Picasso）用自行车的车座和车手把创作了一幅牛头造型的艺术作品。马塞尔·杜尚（Marcel Duchamp）凭借他的艺术作品《固定在凳子上的自行车轮》而举世闻名，他是现代艺术中使用现成的普通物品来进行视觉艺术创作的先锋人物。

比利时的罗杰·拉维尔（Roger Raveel）和拉乌尔·德·凯泽（Raoul De Keyser）画过很多自行车和骑自行车的人。其中，拉维尔画的是他父亲骑自行车的样子，而凯泽则把他的自行车画在了他家房子的正立面上。

俄罗斯的耶夫科尼·库利科夫（Jevkeni Kulikov）画过一幅穿着红色裙子的女士在绿色的田野中骑自行车的作品；英国的艺术家诸德·特纳（Jud Turner）把旧的自行车轮胎排列、拉伸，做成一个框架造型；美国雕像师唐纳德·利普斯基（Donald Lipski）做了一个吊在天花板上的自行车雕像……自行车成为许多艺术家进行创作的灵感来源。

图卢兹·罗特列克

巴勃罗·毕加索

耶夫科尼·库利科夫

罗杰·拉维尔

马塞尔·杜尚

音乐中的自行车

"这个孤独的骑行者是多么的坚强啊！他弯腰俯向车手把，顶着风，奋力地蹬踩前行……"这首歌曲在荷兰家喻户晓，由鲍德温·赫荣特（Boudwijn de Groot）于 1973 年演唱。赫尔曼·凡维恩（Herman van Veen）曾唱道："嘿，骑着儿童自行车的小女孩，太阳永远都跟着你一起向前转动。"那些放了学的孩子们，骑着车听着比利时的韦姆·德·可让尼（Wim De Craene）的歌："我有一辆自行车，我可以送你回家，跳上来吧，坐到我的前杆上吧。"知名乐队斯宾菲司（Spinvis）在一首名为"行李架"的歌曲中，唱到骑行跨越海水防洪堤的感受："我不知道你此刻的想法。你在听云的诉说，你在听风的细语。"

世界知名的英国皇后摇滚乐队，有一首金曲唱到"自行车，自行车，我想骑我的自行车……"德国的电子音乐团队"发电站"在 1983 年 6 月发行了单曲"环法赛"，并在 2003 年将该曲目收录进完整的专辑——《环法专辑》，其中一首歌曲写道："布加迪和托马尔跳着舞抵达香榭丽舍大街的尽头。"

美国音乐家汤姆·威兹（Tom Waits）在歌曲中，把一辆破损的自行车比作一颗破碎的心，讲述在一个失落的夏天里，爱情被吹跑了："破损的自行车啊，生了锈的链条及锈迹斑驳的车手把，在雨中伫立。"

汤姆·威兹

鲍德温·赫荣特

斯宾菲斯

布尔维尔

一定还有类似这些好听的歌曲，就算是不会骑车的人，也有可能喜欢它们。要是自己能够骑着车自编自唱，那就更完美了。你可以唱在天上飞翔的鸟、水中游走的鱼、空中飘荡的云朵、忽大忽小的雨滴、青草地里踱步的奶牛、城际间穿梭的电车……整个世界都能听到你的歌声。鸟儿们会为你欢快地伴唱，路上转动的车轮也会为你低吟。

电影里的自行车

自行车是演技一流的演员。意大利影片《偷自行车的人》是一部令人难忘的电影作品之一。它讲述了战后的罗马，一户贫穷的家庭用所有的积蓄购买了一辆自行车，就是为了父亲骑车去工作。就在父亲骑车上班的第一天，小偷就把那辆宝贵的自行车偷走了。父亲和儿子们四处寻找，最终找到了被盗的自行车。但是，他们再度遭遇了意想不到的困境，因为他们无法提供证据来证明自己对自行车的合法权益，连警察也拒绝协助他们。这部黑白胶片的自行车电影，讲述了一个很悲惨的故事。

由杰奎斯·塔缇（Jacques Tati）执导的法国影片《假日》中，由一辆自行车带出了一连串即疯狂又滑稽的表演。主人公是一名邮差，他不喜欢用汽车或飞机来送递信件，于是，他想方设法、竭尽所能地去提高自己通过骑自行车完成送信的工作效率。但是，由于他的笨拙，他总是把日常生活和工作搞得一团糟。

佛莱迪·摩克瑞（皇后乐队）

影片《假日》

影片《偷自行车的人》

书籍中的自行车

比利时作家斯坦·司特瑞非尔士（Stijn Streuvels）对自行车很痴迷，总想着要为它写点什么。他犹记得在童年时期，村里的木匠和铁匠骑着自制的高轮车四处游荡的情景。

他是这样描述的："那是一个我们从来都没有见过的东西，在一个非常大的轮子上面有辐射状的、细细的辐条，看上去就像星星发射出来的长光芒一样。"

他记忆最深刻的是："那简直就是一个奇迹啊。发明家坐在轮子的顶部，用脚踩着轮子不停地向前转动。"后来，斯坦自己也买了一辆安全自行车，"哦，这真是一件神奇的物品啊！任何一个人都想要去呵护它、爱抚它，甚至连睡觉都想带在身边。你无时无刻都想见到它。"

荷兰作家伊亚·珀非儿佛（Ilja Pfeijffer）于 2008 年 6 月 1 日，与他的女友格丽雅（Gelya）离开莱顿前往罗马，并写出了一本书——《山的哲学》。

当时，他们是在毫无准备的情况下骑着自行车出发的，书中这样写道："我们只是想着出去骑一会儿自行车，完全没有任何特别的想法。后来等我们停下来时，才发现居然已经骑到了罗马。"

1930 年，一位笔名为奈斯义欧（Nescio）的荷兰作家和他的两个女儿骑车前往法国北部。当时，如果没有相关文件，就无法跨越边境线。法国边境上的一名官员为他们的自行车开具了 3 个月的通行证。这位作家在给他妻子的信中写道：法国境内的山明显比较高。昨天，我们不停地向上又向下地骑行。山坡非常绵长，好在并不乏味。从任何一个角度看出去，四周景色都很不一样。那里到处都是金色的麦田、禾捆和麦茬，人迹罕至。那里也没有任何文字指示牌、公告栏、休息座椅、玩耍场地，更没有汽车。到处都是空荡荡的，一片寂静。我们一直不停地向前骑行，为了追随远方那些美丽的云彩。

作家对自行车的褒贬

斯坦·司特瑞非尔士（Stijn Streuvels）是比利时作家，他对自己的自行车非常满意："你看！这些锃亮的珐琅漆、亮晶晶的镍、完美无瑕的橡胶轮胎，它简直就是世界上最漂亮的自行车！不但如此，我感觉自己也因它而变成一个全新的人，拥有无限新的可能。"比利时的大诗人吉多·格泽尔（Guido Gezelle）早年对新奇的事物总是持保守观点，他对脚踏车的评价并不是很友好："在我看来，这部机器若无人踩蹬，就像一块废铁嘛。"无论如何，他在文学界里，仍然是当之无愧的伟大诗人。

儿童图书中的自行车

　　想要在童书里数一下自行车的数量有多少？那是不可能完成的任务。20 世纪初，比利时作家阿伯拉汉姆·汉斯（Abraham Hans）就在《树懒的自行车》一书中提到过自行车。汉斯曾经是一名荷兰教师，他后来在比利时创办了青少年系列<u>丛书</u>《汉斯的儿童图书馆》，又名为《汉斯合集》，是一本 30 页的廉价书，很受欢迎。汉斯的写作速度非常快，在他短暂的一生中（1882—1939 年），总共出版了 150 部小说，约 40 本儿童读物，以及十几册《汉斯合集》。

　　比利时阿弗尔博德市的刊物《弗拉芒电影手册》是《汉斯合集》的直接竞争对手，它同样也是廉价书，厚约 30 页，有彩色的封面。1969 年，该电影手册曾刊登由菲利克斯·德·莫尔（Felix De Moor）拍摄的电影《最漂亮的胜利》。此外，值得一提的是，《缇尼得到了一辆自行车》是以小女孩缇尼命名的知名儿童系列读物，书中提到缇尼必须学会骑自行车。这套书于 1954 年出版发行，专门给低龄段的小女孩阅读。

自行车剧院

剧院的种类多样，有大型的，也有只能容纳数人的迷你型的。你知道有一种剧院是搭载在自行车上的吗？在 1920—1950 年，这种自行车剧院在日本非常盛行。一个男人远远地骑着自行车过来了，他随身带着糖果，自行车行李架上有一个用纸板做的迷你剧院。他把车停好之后，手上高举着一个木制的拨浪鼓不停地摇晃起来，"咚咚咚"的响声立即吸引了一大群孩子们前来围观。他先把糖果卖给孩子们，那些花钱买了糖果的孩子们会被安排坐在最佳的观赏座位上。接下来，那个男人开始一边解说一边表演了。只见他上蹿下跳、翩翩起舞，又是鞠躬、又是下跪，有时也会大笑、吹响口哨，甚至大呼小叫。其间，随着彩绘的纸板一页又一页地翻动，孩子们已被深深地带入到故事情节中。有时候，在扣人心弦的故事情节中，表演者会突然停顿，把剧院盒子关上，并信誓旦旦地向孩子们保证，他会在第二天同样的时间点回到原地，继续向孩子们表演故事的后半段。离开前，他会向孩子们再三强调，第二天有更多的糖果。这种自行车剧院有一个正规名称叫"纸芝居"，来源于日语"kamishibai"，亦称"Paper Play"，即纸板剧院。"kami"是指"纸"，"shibai"是"文字和手势"的意思。观看这种剧院的表演，最不容错过的环节就是故事的大结局。一旦错过，那种糟糕的感觉比两个车轮在 1 分钟之内统统爆胎还要更加让人沮丧气恼呢！

第十四章
随时随地骑自行车

电池

　　电动自行车或电池助力自行车，均是由人体肌力和电力共同助力驱动的。人体助力来自双腿，电力来自电池。电池通常放置在车子后面的行李架上。

发动机

　　我们人体的发动机是心脏，电动自行车的发动机就是马达、引擎。发动机位于脚踏板的轴线上，它既可以有猛烈的超强助力（涡轮模式），亦可以是温和的协作（节电模式）。但是，电动自行车可不是摩托车哦！

电动自行车

　　是 20 世纪 90 年代的发明。

调速器

　　车手把上有一个调节速度快慢的控制器。通过这个装置，骑行者可以自由选择他想要的速度。上坡时，把档位调到最高，会感觉仿佛后方有股很大的助推力推着车子向上轻松爬行。

里程记录仪

　　所有的电动自行车都配有一个里程记录仪。它会显示踏板辅助性能、速度测量、距离计算（单次骑行和日常普通的里程数据），此外，它还显示骑行时间和距离、电池的使用及消耗的状况。

头盔

　　骑电动自行车时，必须佩戴安全头盔。因为电动自行车的速度比普通自行车的速度要快很多。戴上安全头盔，可以有效降低交通事故带来的损伤。

自行车国家排行榜

自行车正在征服整个世界。现今，全球有超过 10 亿辆自行车，仅在中国，就有超过 2 亿辆自行车穿行在大街小巷里，但是，人均拥有自行车的数量很低。荷兰一直占据自行车排行榜的首位，丹麦排第二，此外，上榜的还有德国、瑞典、挪威、日本、瑞士、比利时、意大利和美国。在中国，高速的经济发展导致自行车数量曾在一段时期内大幅下滑。近年来，情况又有了新变化，共享单车的数量飞快地增长到约 1800 万辆。

中国是世界上最大的自行车制造国，年产量高达 3000 万辆。

电动自行车销量的增长，为欧洲整体自行车销售市场的发展注入了新的动力。在荷兰，2018 年的自行车销量超过 100 万辆，其中有超过 41 万辆是电动自行车。全球范围内，女性购买自行车的数量也呈增长趋势，这说明越来越多的女性投身于自行车体育活动，而且她们热情高涨。

在欧洲，对自行车最友好的国家是丹麦。荷兰排在第二位，瑞典和芬兰位居第三和第四位。比利时排在第六位，紧随其后的是斯洛文尼亚、匈牙利、奥地利和斯洛伐克。虽然卢森堡没有出现在官方榜单上，但是他们在自行车骑行的安全方面所做出的努力，很值得人们关注。

2020 年，荷兰人骑自行车的里程超过 150 亿千米，这等同于每一个荷兰人全年骑行约 1000千米。沿着一片片郁金香田地，顺着一条条网状的河道，伴随着风中缓缓转动的风车，到处可见人们骑自行车的身影！

自行车在中国的发展

在 1860 年，一个名叫陈宾的中国官员受邀来巴黎访问，他生平第一次见到了一辆脚踏车。他把自行车和美好的想法带回了中国，却遭到了残酷的拒绝和冷遇。

后来，在国家前领袖毛泽东的领导下，自行车逐渐成为卓越的交通工具。在共产党的执政下，中国成为自行车制造的大国。随着中国经济的蓬勃发展，破旧的自行车逐渐让位给那些各式各样既鲜亮又迅猛的机动车。但是，为了减少空气污染，越来越多的人重新认识到自行车的许多优点，并在日常生活中选择自行车作为他们心仪的交通工具。

自行车城市

"骑行安全"的城市排行榜有不同版本。研究人员在调查过程中采用的衡量标准并不一致，从而导致了不同版本的出现。尽管如此，荷兰的阿姆斯特丹和乌特勒支这两个城市总是能够进入榜单，且处于领先的位置。榜单中有不少城市长期处于固定的排名次序，包括哥本哈根、马尔默、柏林、斯特拉斯堡及波尔多等国家。比利时的根特和科特赖克，展现了他们后来居上的优秀成绩。让人感到有点震惊的是，入选榜单的城市几乎都来自欧洲地区。实际上，美国的波特兰、日本的东京及加拿大的蒙特利尔市，它们的得分也很不错。最让人感觉眼前一亮的是哥伦比亚的波哥大市，也位列世界排行榜上。

自行车最友好的
城市排行榜

哥本哈根

柏林

蒙特利尔

阿姆斯特丹

东京

古斯塔夫·特鲁韦
（1839—1902年）
电动三轮车的发明家

电动自行车的发展

自行车是从"步行机器"演变而来的。今天，电动自行车或电池助力自行车作为技术新宠，引领着自行车未来发展的趋势。早在1881年，法国的电子工程师兼发明家古斯塔夫·特鲁韦（Gustave Trouvé），就已经制造出了一辆配有电子发动机装置的三轮车，可惜，他并未取得实际操作性的成功。

19世纪末，美国发明家们研制出有踏板踩蹬助力的两轮电动自行车。1895年12月31日，美国的奥格登·博尔顿（Ogden Bolton）成功申请并获得了装有电池和电机的自行车的发明专利。

1897年，美国的利比公司研制出了可以安装在自行车底部支架上的双引擎。100年之后，这一绝妙的设计被捷安特公司进一步发扬光大。在20世纪30年代期间，荷兰飞利浦物理实验室与美国实用动力集团曾经在双引擎的研发项目中合作过，可惜失败了。在第二次世界大战期间，汽油成了稀缺资源，而电似乎成为解决自行车和机动车的动力问题的最佳选择。于是，有关电力动能的研发再次复苏了。然而，自1950年以来，一些厂商无视自行车市场的实际状况，一窝蜂似地生产出大量新型电动自行车，从而导致电动自行车在市场上严重滞销。祸不单行，普通自行车的销量也呈直线下降。曾经令几代人为之着迷、被视为巧夺天工的杰出发明，似乎到了寿终正寝的时刻。但是，失败乃成功之母。近半个多世纪以来，全球范围内各大制造商继续奋斗，并成功研制出将近50款电动自行车。其中，美国的斯巴达公司是第一个专注于电动自行车产业发展的企业。

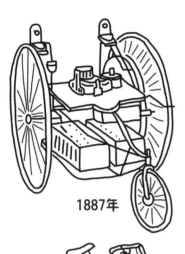

1887年

博尔顿研制的车型（1895年）

利比公司研制的车型（1897年）

斯巴达公司的帕洛斯
第4代车型（1998年）

1998 年，斯巴达公司在荷兰研制出帕洛斯品牌电动自行车，并在 2003 年推出了尹昂品牌自行车。此后，犹如开闸放水，电动自行车进入自由发展的阶段。最初的电动自行车既笨重又难看，如今，它有着漂亮、炫酷的各种款式，每个人都想拥有一辆。它的电池续航能力越来越强，电池体积却越来越精小，安装在车架里几乎看不出来。此外，发动机越来越强劲的同时，稳定性也越来越好。就连赛车、山地车、双人车及货运车也都出了电动款式。电动自行车的颜色、尺码及款式设计，可谓应有尽有。毫无疑问，电动模式是自行车未来发展的方向，几乎所有骑车的人，都逐渐倾向于电动自行车的使用。

高速自行车

电动自行车可以提供时速高达 25 千米的电池驱动力。如果想让速度再快一些，则需要借助肌肉力量的辅助。否则，只能购买高速电动车或者脚踏助力的高速车。这种高速自行车在脚踏助力下，速度可高达每小时 45 千米，但是有一个前提条件，即骑行人员必须用尽全力踩蹬踏板令自行车处于全功率的状态。也就是说，这种车型的实际平均速度会稍低一些，通常为每小时 35 ~ 40 千米。相关的调研发现，在 30 岁以上的骑行人员中，选择骑自行车是为了缩短上班的通勤时间。针对高速自行车的交通管理，出台了一些特殊的法规条例。例如，骑行人员必须年满 16 岁，必须持有轻便摩托车驾驶执照，车主必须为车辆单独申请一个车牌号码并贴在车尾部。除此之外，骑行人员还必须购买保险，骑行时必须佩戴符合规定的头盔。

出汗

研究表明，骑电动自行车比骑普通自行车所出的汗要少 3 倍。因为普通自行车没有电池助力，骑行人员的平均心率比骑电动自行车的人高出 63 次，平均体温也会高出 0.9 摄氏度。

品质更好、价格更高

在荷兰，自行车的销量从 2007 年（140 万辆）到 2016 年（92.8 万辆），下降了近 50 万辆。然而，自行车商铺的生意仍然很好：荷兰人倾向于购买品质更好、价格更高的自行车，然而既好又贵的自行车恰恰就是电动自行车。2017 年的自行车销量中，每三辆自行车中就有一辆是电动自行车。

斯巴达公司的尹昂车型（2003 年）

高速电动车（2019 年）

租换服务

　　如果你可以租到一辆运作正常的自行车，为什么还要花钱去买呢？越来越多骑自行车的人们认为，没有必要拥有一辆属于自己的自行车。他们可以购买一种租用自行车的服务套餐，每月支付一笔租金，还可以获得免费维修的服务回报。这个想法最初来自荷兰代尔夫特理工大学的三名大学生。他们当时想要知道，为什么那么多学生需要骑着他们各自笨重或者破旧得要散架的自行车四处走动？如果订阅音乐 App 和视频软件的会员服务可以让你随时随地聆听音乐或观看电影，那为什么没有一种为骑自行车的人士提供的订制服务呢？为什么不效仿这种从归属权转换到使用权的模式呢？后者不是更具可持续性吗？交换自行车（Swapfiets）这个概念由此产生并迅速流行起来。它迅速占领了荷兰、德国、丹麦和比利时的许多城市。在比利时，这项租用服务于 2018 年 2 月顺利地进入了实际的商业运营，并在短短一年的时间里，订户数量从 3000 人增加到 8000 人。学生们很喜欢它，很多年轻人用它进行通勤。展望未来，该服务供应商希望能够专注于为客户提供更坚固、更具可持续性、维修速度更快的自行车服务。如果维修和保养的时间超过 10 分钟，用户将收到一辆新自行车。这就是所谓的交换——用一辆坏掉的自行车换一辆新自行车。他们还给出承诺，从早上 8 点到晚上 8 点半提供随叫随到的路障援助。为了兑现这项服务承诺，他们招募了很多工作人员：让他们骑着自行车或搭乘汽车，以最快的速度赶赴故障现场并进行维修。那么，如何在成千上万辆车中，识别出交换自行车呢？那辆前轮胎是蓝色的自行车就是啦。很有新意吧？

代尔夫特理工大学

骑车通勤的奖励措施

　　荷兰人天生就喜欢自行车。比利时的弗来芒语区的人们则更胜一筹，他们每天都能享受自行车带来的补贴金。商界的企业及政府机构，都为此做出了许多贡献。在这个地区，不少公司设立了骑自行车通勤可以申请交通补贴的奖励机制。在那些没有交通补贴的公司，只有7%的人骑自行车上下班。自从有了这种奖励机制，骑自行车通勤的人数上升到12%。2016年，有43.2万名员工申请自行车交通补贴，而到了2018年，申请自行车交通补贴的员工已经超过55万人次，而且这个数字仍在继续增长。这种增长趋势几乎出现在所有行业的就业人群中，如商业精英、教师、服务人员及工人，他们几乎都骑着自行车通勤。

　　荷兰把环法自行车赛设定为挑战目标，希望以此能够将自行车行驶的里程数从2017年的155亿千米增加到2027年的185亿千米。为了达成这个目标，荷兰正在提高自行车的交通补贴，此外，为了吸引更多人骑自行车，还修建了更多的自行车通道，消除了路障，优化了许多与公共交通接驳的基础设施和服务……

为了拥有，
为了梦想

今天，出现了各式各样的自行车：救护车式自行车、轨道自行车、货运自行车、公司自行车、啤酒自行车、越野自行车、女士自行车、共享自行车、电动自行车、派对自行车、男士自行车、出租自行车、混合动力自行车、冰上自行车、儿童自行车、场地竞赛自行车、人工竞技自行车、卧式自行车、定位追踪自行车、空中自行车、折叠自行车、公路赛车自行车、划船自行车、拉力自行车（钢丝自行车）、运动自行车、学生自行车、野外自行车、旅行自行车、水上自行车、公路自行车、摇摆自行车、风力自行车……自行车的款式一直都在不断地变化增加。令人意想不到的是，木质材料再度回归。个别制造商已经在拿竹子来进行自行车的研制。竹制的自行车非常独特，它们不仅外观美丽、可度身定制、坚不可摧、持久耐用，而且它极佳的减震性能还能给人们带来格外的舒适感。

汽车制造商福特公司，已经研制出一辆可充气式自行车并为它申请了专利。这辆车的车座、踏板、链条、车轮和转向杆，都跟现在的自行车一样。唯独有一个地方不同——车架，它由 7 个橡胶管组成，这些橡胶管的外层环绕着一个凯夫拉纤维管。凯夫拉纤维是一种非常坚固的芳纶纤维。

荷兰设计师丹 . 罗斯加德（Daan Roosegaarde）与科学家们联手，正在研究开发一款空气净化自行车。他们将在车手把上安装一台真空吸尘器，能够将空气中微小且有害的灰尘颗粒过滤出来。

在瑞典，自行车制造商们在努力研究如何将雀巢浓缩咖啡胶囊的铝制包装盒材料进行环保回收的特殊工艺处理，然后，把它们重新应用到自行车的制造中。嗯，也许能够把咖啡胶囊的包装转化成自行车的行李架呢！这个想法真是妙极啦！咖啡自行车，既时尚，又坚固，而且还耐用呢。除此之外，假如你从秉持环保理念的菲洛索菲公司那里购买一辆自行车，那就等同于你向一名非洲加纳的女学生捐赠了一辆自行车。相关报告指出，买一辆这种自行车，可以令女孩们上学的几率提高 28%，从而为她们未来的成功发展提升至少 59% 的概率。总之，骑自行车对环境、个人和身心健康都有益啊！

那些知名品牌的自行车制造商们，每天都会有更新换代的产品推出，而小品牌制造商们只能依靠赠送手工制作的珠宝配饰等营销手段来吸引消费者。那些规模更小的经营者们，则只能专注于客户定制服务，他们追求工艺的完美，有时候需要打磨数月之久才能交付一个车架。还有一种自由职业者们经营的私人公司，通常由一位坚毅、极富进取心的专业人士作为掌舵人，且事无巨细地打理公司的整体运营。在他们看来，自行车就像身体的一部分，好比客户的体重、年龄、臂长、躯干长度、肩宽、下裆长度、鞋码，均需要精确地记录下来并融汇到自行车身上。他们的车架是纯手工制作，不是只刷一层漆，而是刷 5～6 层漆，且依据客户喜欢的颜色、款式、轮胎、轮辋和车手把，统统都需要进行特别的设计和定制。

你能猜到接下来会发生什么事吗？车主几乎不敢骑这种度身定制的自行车出门了。因为这种独一无二的自行车实在是太漂亮、太豪华、太与众不同了。如此完美的一辆车，拥有它的人只想把它挂在自家客厅的墙上，或是卧室的墙上，这样，就可以每天看见它，连晚上睡觉都能可能梦见它……

今天，自行车领域里的专业人士们，继续密切地观察着市场的需求变化，在自行车的技术、设计、材料、工艺、款式等环节上不断地进行精益求精的研发工作，从而持续地为人们提供更多由各种新材料制成的高品质的自行车用品。毫无疑问，自行车已超越了成为人类交通代步工具的范畴，它已成功地融入我们的日常生活、运动、休闲、娱乐、时尚等领域。带着与生俱来的高科技基因和世界各地不同的文化元素，自行车载着我们继续向着未来前行！

著作权合同登记号：01-2024-3381

图书在版编目（ＣＩＰ）数据

自行车全书：杰出的机械发明 / （比）保罗·德·
莫尔著；（荷）温迪·潘德斯绘；吴粤梅译. -- 北京：
科学普及出版社，2024.8
 ISBN 978-7-110-10750-8

 Ⅰ．①自… Ⅱ．①保… ②温… ③吴… Ⅲ．①自行车—
普及读物 Ⅳ．①U484-49

中国国家版本馆CIP数据核字(2024)第091435号

策划编辑	邓	文
责任编辑	郭	佳
装帧设计	金彩恒通	
责任校对	张晓莉	
责任印制	徐	飞

出　　版	科学普及出版社
发　　行	中国科学技术出版社有限公司
地　　址	北京市海淀区中关村南大街16号
邮　　编	100081
发行电话	010-62173865
传　　真	010-62173081
网　　址	http://www.cspbooks.com.cn

开　　本	889mm×1194mm　1/16
字　　数	260千字
印　　张	9.25
版　　次	2024年8月第1版
印　　次	2024年8月第1次印刷
印　　刷	北京顶佳世纪印刷有限公司
书　　号	ISBN 978-7-110-10750-8/U·53
定　　价	98.00元